# A PROVA TESTEMUNHAL

Uma distinção entre os sistemas do *Civil Law* e do *Common Law*

*Conselho Editorial*
André Luís Callegari
Carlos Alberto Molinaro
César Landa Arroyo
Daniel Francisco Mitidiero
Darci Guimarães Ribeiro
Draiton Gonzaga de Souza
Elaine Harzheim Macedo
Eugênio Facchini Neto
Gabrielle Bezerra Sales Sarlet
Giovani Agostini Saavedra
Ingo Wolfgang Sarlet
José Antonio Montilla Martos
Jose Luiz Bolzan de Morais
José Maria Porras Ramirez
José Maria Rosa Tesheiner
Leandro Paulsen
Lenio Luiz Streck
Miguel Àngel Presno Linera
Paulo Antônio Caliendo Velloso da Silveira
Paulo Mota Pinto

---

Dados Internacionais de Catalogação na Publicação (CIP)

F376p    Ferraro, Felipe Waquil.
           A prova testemunhal : uma distinção entre os sistemas do Civil law e do Common law / Felipe Waquil Ferraro. – Porto Alegre : Livraria do Advogado, 2018.
           134 p. ; 23 cm.
           Inclui bibliografia.
           ISBN 978-85-9590-042-4

           1. Prova testemunhal. 2. Direito processual civil. 3. Direito comparado. I. Título.

CDU 347.943
CDD 347.064

Índice para catálogo sistemático:
1. Prova testemunhal        347.943

(Bibliotecária responsável: Sabrina Leal Araujo – CRB 10/1507)

Felipe Waquil Ferraro

# A PROVA TESTEMUNHAL

Uma distinção entre os sistemas do *Civil Law* e do *Common Law*

Porto Alegre, 2018

© Felipe Waquil Ferraro, 2018

*Capa, projeto gráfico e diagramação*
Livraria do Advogado Editora

*Revisão*
Rosane Marques Borba

*Direitos desta edição reservados por*
**Livraria do Advogado Editora Ltda**.
Rua Riachuelo, 1300
90010-273  Porto Alegre  RS
Fone: 0800-51-7522
editora@livrariadoadvogado.com.br
www.doadvogado.com.br

Impresso no Brasil / Printed in Brazil

# Agradecimentos

Aos meus pais, Antônio e Lilian, à minha irmã, Laura, e Mariana, minha companhia de todos os dias, por propiciarem o suporte necessário nos momentos em que mais necessitei.

À minha família, vô e vó (Nicolau e Teresinha), tios (Jorge, Nando – Padrinho, Paulo, Antônio e Ralf) e tias (Tina, Lu, Zezé, Márcia), primos e primas (Marina, Helena, Isabel, Inácio, Lucas, Gabriel, Elisa, Alice, Artur, Anna, Max e Miguel) e minha afilhada, Bibiana, por forneceram a ajuda necessária para concretização deste trabalho.

Aos meus amigos, que souberam compreender minhas ausências e me relembram – a cada dia –, o verdadeiro valor da amizade.

Aos meus colegas de escritórios, da Miguel Couto, Ferraro e Santos Advogados, que nos dias de aula e estudos, sempre me deram o suporte necessário para que fosse possível concluir o curso de Mestrado.

Aos bons colegas de curso, que no debate, souberam auxiliar um de seus iguais.

Aos meus professores do curso de Mestrado da Pontifícia Universidade Católica do Rio Grande do Sul – PUCRS –, com os quais convivi: Ingo Wolfgang Sarlet, Sérgio Gilberto Porto, José Maria Tesheiner, Adalberto de Souza Pasqualotto, Denise Pires Fincato, Elaine Harzheim Macedo, Eugenio Facchini Neto, Gilberto Stürmer, Juarez Freitas, Marco Felix Jobim e Ricardo Lupion Garcia.

Aos professores Gilberto Stürmer, Mauro Fiterman, Ney Fayet Jr. e Daniela Courtes Lutzky, que, nas sextas-feiras pela manhã, em plena sala dos professores do curso de Direito da Pontifícia Universidade Católica do Rio Grande do Sul – PUCRS –, independentemente dos anos de docência, demonstravam a alegria de lecionar. São exemplos os quais sempre irei seguir.

Aos professores Darci Guimarães Ribeiro e Daniel Mitidiero, que na correria do dia a dia da vida contemporânea, jamais deixaram de ajudar, de dividir os profundos conhecimentos na matéria, bem como pela vasta indicação bibliografica alcançada, sem a qual este trabalho perderia muito em sua essência.

Ao professor Marco Félix Jobim, mais que um professor, um mestre, um amigo. Tive a honra de lhe acompanhar na condição de estagiário docente no ano de 2015, proporcionando-me, acima de tudo, o amadurecimento didático-metodológico proporcionado pela convivência em sala de aula. Aprendizados que não se encontram em livros.

Ao meu grande e estimado orientador, José Maria Tesheiner, um verdadeiro Mestre. Quando em 2006 ingressei nos grupos de estudos sob sua coordenação, despertou a paixão pelo estudo do direito processual civil. Os debates em sala de aula, as críticas, as conversas, só fizeram crescer minha admiração pelo conhecimento e humildade deste Professor. E, aqui estamos, mais de 10 anos depois da primeira aula, debatendo o direito processual em nível de mestrado. E ao fim, tenho por certo que fui abençoado pelo seu aceite em me orientar.

O Direito não é pura teoria, mas uma força viva. Por isso a justiça sustenta numa das mãos a balança em que pesa o Direito, e na outra a espada de que se serve para o defender.

A espada sem a balança é a força brutal; a balança sem a espada é a impotência do Direito.

*Rudolf Von Ihering*
A Luta pelo Direito


Objeção: Os caminhos por onde andamos são íngremes e ásperos, dizem.

Réplica de Sêneca: E daí? Desde quando a planície galga os cimos?

*Sêneca*
A constância do Sábio

# Prefácio

Mais uma vez sinto-me honrado por apresentar à comunidade jurídica uma obra que tende a ter história longa nos estudos relacionados ao processo civil, em especial ao direito probatório, assim como seu autor que, cada dia mais, vem espelhando e encantando àqueles que o cercam, quer em suas aulas na graduação, na especialização, nos grupos de pesquisa que frequenta ou no trato diário como amigo. Em todos os locais apontados, Felipe Waquil Ferraro tem-se destacado de forma inconteste, o que demonstra a sua riqueza não só acadêmica, mas pessoal.

Não poderia ser diferente, pois um conjunto de fatores auxiliou a trilhar a esteira de sucesso em sua vida, sendo alguns eles: **(i).** ter cursado um dos mais importantes programas de pós-graduação em Direito brasileiro, na PUCRS; **(ii).** ter sido orientado pelo Prof. José Maria Rosa Tesheiner; **(iii).** ter realizado um mestrado com ampla dedicação para receber e passar a infinidade de temas que pode ter contato; **(iv).** ter praticado estágio de docência e, ato contínuo, ter sido contratado para passar seu conhecimento em outras instituições de ensino superior; **(v).** ter conseguido aliar a prática dos anos de advogado com a teoria, tornando-se, assim, um profissional melhor em ambas as pontas que atua.

A lista poderia ser facilmente aumentada com as características pessoais de Felipe, mas prefiro apostar num sexto motivo ainda ligado ao seu intelecto, que necessita neste momento ser lembrado: a escolha do tema e, aqui, mais um ponto ao autor que, além de trabalhar na temática do direito probatório, o faz analisando dois sistemas: o da *Civil Law* e o do *Common Law*, tentando, pela sua densa pesquisa, encontrar algumas distinções entre ambos.

Como se sabe, pelo menos para quem pesquisa o direito processual civil, o direito probatório tem sido relegado a quase um segundo plano na doutrina brasileira, sendo raros os estudos monográficos que se dedicam a ele, o que parece ser uma abissal contradição, uma vez que já qualificado o próprio tema da prova como o coração do processo pelo processualista italiano Francesco Carnelutti. Por isso Felipe, entendendo a importância do direito probatório, aposta em seu estudo, compreensão, sistematização e diferenciação, ganhando pessoalmente por propiciar a ter profundidade em tema que se descortina da mais alta relevância. Inegável que a academia também ganha mais uma obra voltada, não só ao estudo da prova, mas a ela sob uma perspectiva estadunidense, sendo este o segundo grande acerto do estudo proposto.

Notório que os sistemas, ou famílias, da *Civil Law* e do *Common Law*, têm suas diferenças delineadas ao longo de como foram apreendidas, mas continuar, em um mundo globalizado, em que as fronteiras a cada dia mais tendem a diminuir, com estudos estanques de direito processual, parecem não mais responder aos reclamos de uma sociedade transnacional. Felipe sabe disso, e aposta alto.

Estuda um sistema estrangeiro, comparando-o e distinguindo-o, com o domínio de conceitos mais ligados aos atos normativos daquele sistema como o *Bill of Rights*, a *Federal Rules of Civil Procedure*, a *Federal Rules of Evidence* e as *Exclusionary Rules*, adentrando em temas mais teóricos como *fact plending, adversarial system, inquisitorial system* para, finalmente, ingressar no tema dos *Standards* (*Preponderance of Evidence; Beyond a reasonable doubt* e *Clear and convincing evidence*), o que, com toda certeza, lhe farão ser um agente diferenciador no trato do tema na doutrina processual civil brasileira, já em atraso com estudos deste talante.

Obviamente não poderia deixar de dizer uma ou outra palavra, saindo um pouco da obra em si, do próprio Felipe, que apresenta sua belíssima dissertação de mestrado, em sua versão comercial, para a comunidade jurídica em geral. Dele, se pudesse escolher uma única palavra das inúmeras que poderia optar, o faria com a aquele que marcou os anos que nos conhecemos: Obstinado! À palavra, poderíamos agregar outras tantas buscas iniciadas, algumas já completas, outras ainda em fase de completude como o próprio doutoramento na PUCRS que o farão, a cada dia, ser um nome a ser falado, lido e lembrado.

Parabenizo o Felipe pela pesquisa, assim como à Livraria do Advogado, na pessoa do querido amigo Walter (e aqui toda sua equipe), por trazer à editora tão preciosa obra.

*Prof. Dr. Marco Félix Jobim*
Professor Adjunto da PUCRS nos cursos de graduação e
pós-graduação *lato* e *stricto sensu* (mestrado e doutorado).

# Sumário

Apresentação – *José Maria Rosa Tesheiner* ....................................................... 13
1. Introdução. ................................................................................................... 15
2. A prova testemunhal a partir da concepção contemporânea. ........................... 21
   2.1. Contemporaneidade jurídica: prova, Direito e cultura. ............................. 21
   2.2. Direito fundamental à prova e a busca pela verdade. ................................ 24
       2.2.1. Da fundamentalidade da verdade no processo e sua problemática no direito probatório. ............................................................................. 27
   2.3. Do princípio da oralidade. ....................................................................... 31
   2.4. Do conceito, do objeto e dos meios legais de provas. ................................ 33
       2.4.1. Do conceito de prova. .................................................................... 33
       2.4.2. Do objeto da prova ........................................................................ 37
       2.4.3. Dos meios legais de prova. ............................................................. 40
   2.5. Da concepção contemporânea da prova testemunhal. ............................... 42
       2.5.1. Conceito de testemunha. ................................................................ 44
       2.5.2. Conceito da prova testemunhal. ..................................................... 45
   2.6. Meios de valoração da prova (testemunhal) no sistema jurídico brasileiro... 47
       2.6.1. Sistema da prova legal. ................................................................... 48
       2.6.2. Sistema da livre convicção. ............................................................. 50
       2.6.3. Do livre convencimento (persuasão racional). ................................ 51
   2.7. Dos problemas para valoração da prova testemunhal. ............................... 53
       2.7.1. Críticas para com a prova testemunhal. ......................................... 53
       2.7.2. A percepção, fixação e a transmissão. ............................................ 57
       2.7.3. Razões fisiológicas e do meio. ........................................................ 60
       2.7.4. Falsas memórias. ............................................................................ 63
       2.7.5. Desvios cognitivos. ........................................................................ 64
       2.7.6. A mídia e a opinião pública. .......................................................... 66
   2.8. Das regras de exclusão no sistema brasileiro. ............................................ 67
       2.8.1. Das regras de exclusão específicas da prova testemunhal. ............... 69
              2.8.1.1. Das regras de exclusão com base em critérios subjetivos. ........ 70
              2.8.1.2. Das regras de exclusão com base em critérios objetivos. ......... 71

**3. Do sistema probatório no direito federal estadunidense**..................................73
   3.1. Dos sistemas jurídicos do Direito contemporâneo........................73
   3.2. Da necessária introdução ao sistema do *Common Law*..............74
   3.3. *Bill of Rights*........................................................................................77
   3.4. *Federal Rules of Civil Procedure*.......................................................80
   3.5. *Federal Rules of Evidence*..................................................................82
   3.6. *Exclusionary Rules*.............................................................................83
   3.7. O júri cível............................................................................................86

**4. Um estudo comparativo entre a valoração da prova e as regras de exclusão existentes no Direito brasileiro e no Direito federal norte-americano**..................89
   4.1. Das problemáticas no estudo comparado entre *Civil Law* e *Common Law*......89
   4.2. A oralidade no *Civil Law* e no *Common Law*................................91
      4.2.1. A oralidade e o júri cível......................................................92
      4.2.2. Da concepção e da inquirição das testemunhas...............93
      4.2.3. Da possibilidade de influência das testemunhas..............99
   4.3. Da (des)necessidade de exposição completa dos fatos na inicial (*fact plending*)....................................................................................100
   4.4. Sistemas de valoração da prova e as regras de exclusão: uma visão sistemática Brasil e Estado Unidos..............................................102
      4.4.1. A valoração da prova no sistema adversarial (*adversarial system*) em confronto com o sistema inquisitorial (*inquisitorial system*)..........103
      4.4.2. As regras de exclusão..........................................................107
      4.4.3. A valoração da prova como base no sistema legal estadunidense......114
         4.4.3.1. *Standards*..............................................................116
            4.4.3.1.1. *Standards* da preponderância da prova (*Preponderance of Evidence*)..............117
            4.4.3.1.2. *Standards* da "além da dúvida razoável" (*Beyond a reasonable doubt*)..............118
            4.4.3.1.3. *Standards* da Prova clara e convincente (*Clear and convincing evidence*)..............119

**5. Conclusão**..................................................................................................121

**Bibliografia**..................................................................................................127

# Apresentação

Com grande satisfação, debruço-me sobre esta obra, cuja existência se deve ao engenho de Felipe Waquil Ferraro. Trata ela da prova testemunhal, em que (ai de nós!) se funda a solução de alto percentual dos litígios, tanto no processo civil quanto no penal. Ela é examinada no Direito brasileiro, em confronto com o norte-americano, do que resulta interessante quadro de luz e sombra.

Recai o estudo sobre a concepção contemporânea de prova testemunhal, embora fosse também interessante compará-la com antigos ambientes culturais, em que as testemunhas não atestavam fatos ocorridos, mas a fé que haveria de merecer a palavra de cada contendor. Com certo grau de respeito pelos costumes dos antepassados, pode-se até duvidar que se obtenha maior grau de verdade com a prova contemporânea, mais racional.

O autor aponta uma diferença fundamental entre o Direito norte-americano e o nosso, pensado aquele em função de um julgamento por um júri; o nosso, em função de uma oralidade apenas aparente, porque o juízo último é de uma segunda instância que se atém a uma prova escrita, resultante da redução a termo das declarações das testemunhas, ainda que – neste mundo em que permanente é apenas a mudança – possa isso também estar mudando, com audiências gravadas em vídeos.

Ressalta o autor a ideia de que o Direito é fruto da cultura de um povo, embora sua própria obra desminta um pouco essa afirmação, porquanto estuda o Direito brasileiro em confronto com o norte-americano, a indicar que se trata de uma construção universal, embora fruto de histórias particulares.

Ao proclamar inadmissibilidade das provas ilícitas, reconhece que a verdade não é, no processo, o valor supremo, embora afirmando que verdade e justiça não se separam, dependendo esta do desvelamento daquela.

De modo didático, diz o autor que são objetos de prova os fatos controvertidos no processo, ou seja, aqueles sobre os quais as partes conflitam – uma parte os afirma, e a outra os contesta. Para ser objeto de prova os fatos precisam, igualmente, ser relevantes para a controvérsia, ter relação ou conexão com a causa.

Tão importante a prova testemunhal e, contudo, tão falível! Deficiências na percepção, distúrbios da memória e defeitos na transmissão do pensamento são referidos e descritos. Há desvios cognitivos, como o viés de confirmação; o do otimismo exagerado; o da aversão à perda; o do *status quo*; o do efeito manada; o da contabilidade mental e o do efeito de ancoragem. Há mesmo falsas memórias, tidas por verdadeiras por quem as narra!

Examina as regras de exclusão do Direito brasileiro, tanto com base em critérios subjetivos, quanto objetivos.

Na sequência, apresenta o sistema probatório do Direito federal estadunidense, com especial atenção às regras de exclusão e aos *standards* de convicção.

Passa, finalmente, ao ponto central de sua obra: um estudo comparativo entre os sistemas brasileiro e estadunidense. É a parte mais interessante e instrutiva da obra.

Na conclusão, Felipe Ferraro manifesta a esperança de que o estudo de sistemas distintos, ambos imperfeitos, possa conduzir à construção de uma síntese, não perfeita, mas pelo menos melhor.

Foi uma honra tê-lo tido como aluno, renovada com o convite para escrever esta apresentação.

*Prof. Dr. José Maria Rosa Tesheiner*

# 1. Introdução

Assistem-se, frente às aceleradas transformações do mundo cotidiano, conceitos e instituições tradicionais desmoronarem diante dessas mudanças, colocando-se diante da dissolução dos marcos de certeza.

Essa mutabilidade constante que a tudo atinge e que a todos envolve, não poderia deixar de produzir efeitos também no mundo jurídico, vez que o Direito é um fenômeno de constante devir. Logo, não consentir o Direito como uma ciência imutável, faz-se necessário para compreensão do instituto a que se pretende aprofundar, qual seja o direito probatório.

A essencialidade no aprofundamento do direito probatório está, conforme José Carlos Barbosa Moreira, no fato de que "a imensa maioria dos litígios civis encontra solução, sobretudo, e muitas vezes exclusivamente, na apreciação de questões de fato, que os chegam, por óbvio, por intermédio da prova".[1]

A importância do estudo da prova, também é comentada por Sérgio Cruz Arenhart, vez que a função do fato (e, portanto, da prova) no processo é absolutamente essencial, razão mesmo para que a investigação dos fatos, no processo de conhecimento, ocupa quase que a totalidade do procedimento e das regras que disciplinam o tema no Código de Processo Civil brasileiro.[2]

Tem-se, no estudo do direito probatório, a necessidade de aprofundamento da matéria, uma vez que "as pretensões deduzidas em juízo, por resultantes da vida cotidiana, têm seu nascedouro em fatos vivenciados pelas partes. Para dizer o direito no caso concreto, há

---

[1] MOREIRA, José Carlos Barbosa. *Os poderes do juiz. In: O processo civil contemporâneo*. Vários autores, Curitiba: Juruá, 1994, p. 93.

[2] ARENHART, Sérgio Cruz. *A verdade e a prova no processo civil*. Disponível em <http://www.abdpc.org.br/abdpc/artigos/S%C3%A9rgio%20Cruz%20Arenhart%282%29%20-%20formatado.pdf>. Acessado em 15 de Fev. de 2015. p. 1.

que se conhecer, o mais profundamente possível, os acontecimentos subjacentes".³

Logo, o presente livro, sabedor da importância do instituto e dentro dessa ideia de devir do direito, busca debater a existência de um modelo e de um sistema de valoração da prova adequado à realidade e ao Direito Processual brasileiro. Para possibilitar tal verificação, optou-se por utilizar o direito comparado.

Sabe-se, que ao longo dos tempos, por questões didáticas e metodológicas, os diversos sistemas jurídicos adotados no mundo foram sendo agrupados em *famílias*,⁴ sendo comum identificar o Direito brasileiro como pertencente ao sistema de *Civil Law*, em contraposição aos sistemas de *Common Law*.

Ademais, mesmo ciente que a doutrina brasileira possui maior proximidade com a doutrina italiana e alemã – também pertencentes ao sistema do *Civil Law*, importa frisar que nos últimos tempos tem-se notado uma forte aproximação entre os sistemas (*Civil Law* e *Common Law*), quase que numa tendência evolutiva de convergência.⁵

Todavia, é exatamente nessa contraposição entre os distintos sistemas do *Civil Law* e do *Common Law* que o trabalho se desenvolve. Nesse diapasão e dentre tantas possíveis escolhas, buscou-se no Direito federal norte-americano, elementos que lhes são mais específicos, que lhes dão forma e lhes contrastam, ou mesmo, aproxima-lhes do *Civil Law*, como uma maneira de fixar as premissas necessárias para o desenvolvimento do tema proposto.

A primeira parte do trabalho inicia com uma breve verificação de temas correlatos, mas que possuem sua razão de ser neste trabalho. Feita a ponderação entre Direito e Cultura, buscam-se teorias e conceitos fundamentais para o melhor aprofundamento do tema proposto. Por assim entender, a ideia de um Direito fundamental à prova é o ponto de partida.

---

³ MARIANO DA ROCHA, Raquel Herck. *A distribuição do ônus da prova como instrumento garantidor da igualdade das partes no processo civil brasileiro*. Revista Processo e Constituição. n. 1. Cadernos Galeno Lacerda de Estudos de Direito Processual Constitucional. Porto Alegre: Faculdade de Direito da UFRGS, 2004. p. 346-347.

⁴ DAVID, René. *Os grandes sistemas do Direito contemporâneo*; tradução Hermínio A. Carvalho. 5. ed. São Paulo: Martins Fontes. 2014. Ciente da existência de outras divisões, adota-se, neste livro, a divisão trazida por René David.

⁵ CAPPELETTI, Mauro. *Juízes Legisladores?* Traduzido por Carlos Aberto Álvaro de Oliveira. Porto Alegre: Sergio Antonio Fabris, 1999. p. 111.

Além do princípio fundamental à prova, bem como a verificação na busca pela verdade, destaca-se, também, a existência do princípio processual da oralidade.

Dessa forma, tem-se um primeiro corte metodológico, propositadamente aberto, ainda que, num primeiro momento, possa parecer vago ou deslocado, far-se-á sentido quando aprofundar o tema no direito comparado.

Assim, no segundo corte metodológico, busca-se contextualizar a prova de uma forma em geral, cujo desenvolvimento perpassa por uma conceituação ampla e generalista do instituto, revendo conceitos capazes de demonstrar a concepção contemporânea do instituto. Afinal, a prova, é um objeto eminentemente cultural.

Ao passo que, não se descuida da base teórica clássica do direito probatório. Salienta-se, que não se pretende inovar no que toca as premissas teóricas sobre à prova, pois a real intenção é buscar um alinhamento no uso do instituto, trazendo assim, a segurança jurídica aos aplicadores do Direito. E, consequentemente, particulariza-se a conceituação para com a prova testemunhal.

O foco que recai sobre a prova testemunhal é a sua concepção contemporânea, portanto, não haverá tratamento específico de sua historicidade, ainda que, em alguns momentos, sejam feitas pequenas digressões, pois os conceitos hodiernos são os que realmente interessam ao trabalho.

No terceiro corte metodológico, após uma revisão da base teórica, passa-se a analisar aos meios de valoração da prova no sistema jurídico brasileiro. Nesse ínterim se verificarão algumas premissas próprias do Direito brasileiro e do momento histórico da ciência do Direito Processual que determinarão a direção do estudo aqui desenvolvido.

Em razão dessas especificidades ao se valorar um testemunho, clássicas são as críticas que envolvem o instituto por diversos fatores, tais como a falibilidade humana, o fato da testemunha estar sujeita direta ou indiretamente às suas vivências, seus juízos de valores, entre outros.

Logo, para penetrar no conhecimento da testemunha e, por consequência, o entendimento sobre a prova testemunhal, faz-se necessário atravessar um universo interdisciplinar, no intuito de possibilitar essa verificação.

No quarto corte metodológico, far-se-á referência às regras de exclusão do sistema brasileiro, no sentido da vedação de uso de provas obtidas de forma ilícita. Logo após uma verificação ampla das regras de exclusão se constatam as regras utilizadas com a prova testemunhal, frente às normas do Direito brasileiro.

E nesse ponto, vê-se que a verdade poderá ter um valor relativo, porquanto o conhecimento do magistrado – na parte da prova testemunhal, chegará através de depoimentos que suportam toda falibilidade humana e mais adiante do conhecimento prévio das influências sobre a percepção do fato, do armazenamento e da expressão desse em juízo.

Assim, tem-se a prova testemunhal, posta diante da complexidade estabelecida pela pós-modernidade, abordada através de uma leitura interdisciplinar, uma vez que a figura da testemunha se vale de suas recordações e memórias para fins de narrar os fatos. E, de tal modo, que a busca da verdade dos fatos advém pela necessidade investigatória acerca do funcionamento da própria falibilidade do ser humano, na sua percepção, na memória e na exposição, ao final, se o modo como se obteve uma determinada prova não estiver de acordo com os "os meios legais" poderá essa ser excluída do julgamento, ainda que fosse possível afirmar sua correspondência com a verdade absoluta dos fatos.

No capítulo seguinte, parte-se da premissa de não apenas descrever abstratamente um sistema (*Common Law* estadunidense), mas de estabelecer uma base teórica para o aprimoramento do direito pátrio, tem-se na visão sistemática a busca por essa verificação.

Por tal razão, inicia-se o terceiro capítulo não apenas distinguindo os dois sistemas – *Civil Law* e *Common Law* –, mas realizando uma comparação de tradições.

Tem-se que as normas processuais americanas são redigidas em uma linguagem desconcertantemente ampla, deixando uma larga margem de discricionariedade ao juiz de primeiro grau. Essa flexibilidade das normas é a marca registrada do Direito americano e permite ao juiz adaptar o processo às peculiaridades de cada caso. Diferentemente do que ocorre no Direito brasileiro, ainda que haja uma corrente doutrinária que defende a amplitude das normas também no Brasil.

Perpasse-á, ainda, pela a exposição da ideia do Júri Cível vez que fundamental, não só para que se possa compreender o Direito americano do *Common Law na sua essencialidade,* mas a valoração como se dá para a oralidade e como se ocorre à valoração da prova perante esse distinto grupo de cidadãos.

No quarto e último capítulo, ver-se-á inicialmente toda a problemática do estudo comparado entre *Civil Law* e *Common Law*, que não são poucas. O Direito processual estadunidense, assim como nos demais países de *Common Law*, é extremamente difícil de ser estudado pelos juristas de *Civil Law*, em especial as idiossincrasias do sistema jurídico americano. Porém, conhecer as dificuldades é o primeiro passo para superá-las.

Por conseguinte, verificar-se-ão os aspectos do desenvolvimento e historicidade da oralidade nas distintas famílias de *Civil Law* e *Common Law*, civilizações de cultura tão diferenciada, crucial para o entendimento de tamanha ambiguidade.

Verificar-se-á, do mesmo modo, a figura da *discovery* (descoberta), já que no sistema estadunidense, a petição inicial deve apenas noticiar questões gerais do fato (*notice pleanding*). Portanto, toda obtenção de provas ocorre na fase anterior ao julgamento das provas pelo júri (*pre-trial*), tendo o advogado das partes papel decisivo para o êxito da demanda.

Ainda, demonstrar-se-á, mediante busca no Direito comparado norte-americano, o choque dos dois sistemas, possibilitando uma correta verificação da prova testemunhal nos dois distintos sistemas jurídicos.

Por essas razões, o estudo do tema é de elevada importância para a sociedade que busca na justiça seu porto seguro. Do mesmo modo, aos profissionais do Direito, que possam-se reduzir juízos avaliativos precipitados ou dotados de superficialidade e, nesse contexto, surge a necessidade de um estudo não só detalhado e aprofundado, mas também crítico e em consonância com o atual sistema processual civil.

Ademais, a experiência obtida a partir da prática jurídica tem aflorado a falta de racionalidade da aplicação do instituto ora trabalhado e, essa parece ser uma realidade, infelizmente, ignorada pelos operadores do Direito, que diante da complexidade do tema e de sua interdisciplinaridade preferem ignorá-lo a enfrentá-lo. E, portanto, a insegurança existente é tangível e de fácil constatação, mas de difícil solução.

Assim, o aprofundamento da matéria quanto à função do fato e, portanto, da prova testemunhal no processo é absolutamente essencial, porquanto o processo contemporâneo fruto da cultura do povo não mais admite análises rasas e superficiais, requerendo do operador do direito conhecimentos antes ignorados e hoje fundamentais.

Ao fim e ao cabo, nessa complexidade do ser humano e do choque de culturas e tradições – entre *Civil Law* e *Common Law* –, busca-se trazer um olhar distinto para prova testemunhal, inserindo-a em local de destaque no ordenamento jurídico, uma vez que essa, e tão somente essa, é capaz de apresentar verdades absolutas, capaz de subjugar os demais tipos de provas. Não basta somente alcançar a devida importância, mas será preciso compreender suas fraquezas e falibilidades, pois assim será valorada, como necessita ser.

## 2. A prova testemunhal a partir da concepção contemporânea

### 2.1. Contemporaneidade jurídica: prova, Direito e cultura

Frente às aceleradas transformações do mundo cotidiano, o pensamento inicial a orientar, não só esse, mas diversos estudos jurídicos modernos[6] estão assentados na ideia de que o Direito, como qualquer objeto de conhecimento e de prática social, são norteados por estruturas ideológicas e culturais, sendo que consideram o Direito como um fenômeno cultural.

Ciente da dificuldade de definir o termo cultura,[7] adota-se para fins didáticos e metodológicos a acepção elaborada por Miguel Reale,[8] que preferiu circunscrevê-la em apenas dois sentidos, dentre as múltiplas possibilidades possíveis. Primeiro, indicando o acervo de conhecimento, condições e experiências de cada indivíduo (conceito

---

[6] Dentre os quais destaca-se: BOTELHO, Guilherme. *Direito ao processo qualificado*: o processo civil na perspectiva do Estado constitucional. Porto Alegre: Livraria do Advogado, 2010; CARPES, Artur. *Ônus dinâmico da prova*. Porto Alegre: Livraria do Advogado, 2010; CHASE, Oscar G. *Direito, cultura e ritual*: sistemas de resolução de conflito da cultura comparada. Trad. Sergio Arenhart e Gustavo Osna. São Paulo: Marcial Pons, 2014; JOBIM, Marco Félix. *Cultura, escolas e fases do processo*. 2. ed. rev. atual. Porto Alegre: Livraria do Advogado, 2014; MITIDIERO. Daniel Francisco. *Elementos para uma teoria contemporânea do processo civil brasileiro*. Porto Alegre: Livraria do Advogado, 2008; MITIDIERO. Daniel Francisco. Processo e cultura: praxismo, processualismo e formalismo em Direito processual civil. In: *Gênesis Revista de Direito Processual Civil*. Curitiba: Gênesis, 2004, p. 484/510, n. 33; MITIDIERO. Daniel Francisco. *Colaboração no processo civil*: pressupostos sociais, lógicos e éticos. São Paulo: Revista dos Tribunais, 2011; OLIVEIRA, Carlos Alberto Alvaro de. MITIDIERO, Daniel. *Curso de Processo Civil*: teoria geral do processo e parte geral do Direito processual civil. Vol. I. São Paulo: Atlas, 2010; PORTO, Sergio Gilberto; USTARROZ, Daniel. *Manual dos recursos cíveis*. 3. ed. Porto Alegre: Livraria do Advogado, 2011; PORTO, Sergio Gilberto; PORTO, Guilherme Athayde. *Lições sobre Teorias do Processo*: cível e constitucional. Porto Alegre: Livraria do Advogado, 2013. Dentre outros.

[7] Como afirma Miguel Reale, devido à amplitude da palavra *"cultura"*, já que em si mesma multívoca e polêmica, não havendo conceito dela que se possa ser acolhido sem reservas ou fortes contraditas. In: REALE, Miguel. Conceito de cultura – Seus temas fundamentais. In: *Paradigmas da Cultura contemporânea*. 2. ed. São Paulo: Saraiva.2005. p. 1.

[8] Ibidem. p. 1-3.

subjetivo). Segundo, como o acúmulo de bens materiais e espirituais adquiridos e acumulados pela espécie humana, através do tempo, mediante um processo intencional, ou não, de realização de valores (conceito objetivo).

E, consequentemente, é possível dizer que o Direito está intimamente ligado à experiência e à cultura do povo. E assim, Galeno Lacerda[9] também concebe tal vínculo, entre Direito e cultura, quando afirma:

> Se no processo se fazem sentir a vontade e o pensamento do grupo, expresso em hábitos, costumes, símbolos, fórmulas ricas de sentido, métodos e normas de comportamento, então não se pode recusar a esta atividade vária e multiforme o caráter de fato cultural.
> 
> (...)
> 
> Nela, na verdade, se reflete toda uma cultura, considerada como conjunto de vivências de ordem espiritual, que singularizam determinada época de uma sociedade. Costumes religiosos, princípios éticos, hábitos sociais e políticos, grau de evolução científica, expressão do indivíduo na comunidade, tudo isto, enfim, que define a cultura e a civilização de um povo, há de retratar-se no processo, em formas, ritos e juízos correspondentes.

Seguindo a mesma linha de raciocínio, de que o Direito está ligado à experiência e à cultura do povo, Ovídio Araújo Baptista da Silva, busca superar o dogmatismo, fazendo com que o Direito se aproxime de seu leito natural, como ciência da cultura, e, portanto, um fator indispensável, já que hoje ninguém mais tem dúvida de que o Direito é uma construção humana, cujo sentido se altera na medida em que se transformem as variantes necessidades e as contingências históricas.[10]

Sendo que o processo, considerado inevitavelmente fruto de sua cultura, não se encontra *in res natura*, é produto do homem e, assim, de sua cultura. Ora, falar em cultura é falar em valores, pois esses não caem do céu, nem são a-históricos, visto que constituem frutos da experiência, da própria cultura humana, em suma.[11]

Ao passo que, em resumo a diversos autores, Daniel Mitidiero[12] afirma que "é lugar comum no estudo do Direito, ganhando

---

[9] LACERDA, Galeno. *Teoria geral do processo*. Rio de Janeiro: Forenses, 2008. p. 4.

[10] SILVA, Ovídio Araújo Baptista da. *Processo e ideologia*: o paradigma racionalista. Rio de Janeiro: Forense, 2006. p. 1-2.

[11] OLIVEIRA, Carlos Alberto Alvaro. O formalismo-valorativo no confronto com o formalismo-excessivo. In: DIDIER JR., Fredie; JORDÃO, Eduardo Ferreira. *Teoria Geraldo processo*: panorama doutrinário mundial. Salvador: JusPodivm, 2007. p. 128.

[12] MITIDIERO. Daniel Francisco. Processo e cultura: praxismo, processualismo e formalismo em Direito processual civil. In: *Gênesis Revista de Direito Processual Civil*. Curitiba: Gênesis, 2004,

horizontes cada vez mais largos dentro do ambiente destinado ao processo civil, afirmar-se que o Direito se encontra intimamente imbricado com a experiência e a cultura do povo".

A ideia de se pensar o processo civil como base na cultura de um povo é ainda ampliada por Daniel Mitidiero quando aponta não só o culturalismo, mas também o constitucionalismo como marcas indeléveis do pensamento jurídico contemporâneo.[13]

Contribuição ao tema também é alcançada por Marco Félix Jobim, quando afirma que o Direito e o processo são parte da cultura do homem e, portanto, da sociedade e do espaço temporal em que vive,[14] bem como quando enumera diversos outros autores[15] que seguem a mesma linha de raciocínio ora esposado.

---

p. 484/510, n. 33. p.484. Citando: Nesse sentido, em termos gerais, CASTANHEIRA NEVES, Antônio. *Metodologia Jurídica – Problemas Fundamentais*. Coimbra: Coimbra Editora, 1993, p. 47, REALE, Miguel. *Lições Preliminares de Direito*, 23. ed. São Paulo: Saraiva, 1996, p. 32; especificamente no que tange ao processo civil, entre outros, SILVA, Ovídio Araújo Baptista da. *Jurisdição e Execução na Tradição Romano-Canônica*, 2. ed. São Paulo: Revista dos Tribunais, 1997, p. 192/219, LACERDA, Galeno. Processo e Cultura. In: *Revista de Direito Processual Civil*. São Paulo: Saraiva, 1961, p. 74, vol. III; OLIVEIRA, Carlos Alberto Alvaro de. *Do Formalismo no Processo Civil*, 2. ed. São Paulo: Saraiva, 2003, p. 73/76, MITIDIERO, Daniel Francisco; ZANETI JÚNIOR, Hermes. Entre o Passado e o Futuro: Uma Breve Introdução às Incertas Dimensões do Presente em Direito Processual Civil. In: *Introdução ao Estudo do Processo Civil*: Primeiras Linhas de um Paradigma Emergente. Porto Alegre: Sergio Antonio Fabris, 2004, p. 11, DENTI, Vittorio. *Diritto Comparato e Scienza del Processo*. In: *Rivista di Diritto Processuale*. Padova: Cedam, 1979, p. 335/336, vol. XXXIV; BAUR, Fritz. Il Processo e le Correnti Culturali Contemporanee. In: *Rivista di Diritto Processuale*. Padova: Cedam, 1972, p. 253/271, vol. XXVII.

[13] MITIDIERO. Daniel Francisco. *Elementos para uma teoria contemporânea do processo civil brasileiro*. Porto Alegre: Livraria do Advogado, 2008. p. 9.

[14] JOBIM, Marco Félix. *Cultura, escolas e fases do processo*. 3. ed. rev. atual. Porto Alegre: Livraria do Advogado Editora, 2015. p. 88.

[15] BOTELHO, Guilherme. *Direito ao processo qualificado*: o processo civil na perspectiva do Estado constitucional. Porto Alegre: Livraria do Advogado, 2010. p. 13. Inicia: "A primeira parte, preocupando-se em inserir o Direito e, em especial, o Direito processual como produtos da cultura, logo, verdadeiros processos de adaptação social, examina a evolução dos métodos de pensamento próprios do Direito processual civil, mediante a compreensão do inter-relacionamento destes com os demais ramos do Direito e, em especial, com a cultura, até a conformação do seu estágio atual e suas principais influências, com destaque para o Estado Constitucional". E continua nas páginas 18 e 19: "É no processo que se dá a atuação da lei perante a sociedade e, tendo suas normas natureza instrumental e o escopo primordial de realização de justiça, é natural que sofra as influências da experiência e do momento cultural vivido pela sociedade em que resta inserido, que elegera, por sua vez, os procedimentos adequados a cada situação da vida, de acordo com as necessidades e prioridades por ela eleitas". Até finalizar: "Por essa razão, é possível concluir que é o procedimento a porta da ideologia e da cultura no processo; através dele, opta-se pelos níveis de cognição que deverão incidir no instrumento de regulação do Direito substancial. Elege-se, através do procedimento processual, os ramos ou situações substanciais que se quer maior sumariedade ou restrição de amplitude de alegações e até mesmo preferências de tramitação frente a outras ações adequadas a tutelar outras espécies de Direitos". BAGGIO, Lucas Pereira. *Tutela jurisdicional de urgência e as exigências do Direito material*. Rio de Janeiro: Forense, 2010. p. 9. Aduz: "O fenômeno jurídico estaria diretamente relacionado com aspectos culturais próprios de sua época, considerando, inclusive, o homem como ser

Como se pode perceber, defender o Direito como fruto da cultura de um povo é pensar o Direito em eterna evolução, sempre de acordo com as características e as necessidades do povo.

Assim, o presente trabalho, tem-se a preocupação de pensar o processo civil contemporâneo[16] relativo ao estudo da prova. E, portanto, a premissa – Direito e cultura, justifica-se ao ponto de contextualizar o capítulo a ser trabalhado, cujo desenvolvimento perpassa por uma conceituação ampla e generalista do instituto, revendo conceitos capazes de demonstrar a concepção contemporânea do instituto. Afinal, a prova é um objeto eminentemente cultural.

## 2.2. Direito fundamental à prova e a busca pela verdade

A existência de direitos fundamentais na Constituição Federal do Brasil, promulgada em 1988, incidentes sobre o Direito processual, condiciona o julgador a observá-los, tanto na condução do feito, quanto em suas decisões.

---

histórico". PORTO, Sergio Gilberto; USTARROZ, Daniel. *Manual dos recursos cíveis*. 3. ed. Porto Alegre: Livraria do Advogado, 2011. p. 161. Referem: "Enfim, cada modelo processual responde a exigências culturais". CARPES, Artur. *Ônus dinâmico da prova*. Porto Alegre: Livraria do Advogado, 2010. p. 19. Inicia: "O ponto de partida para todo aquele que deseja compreender o Direito processual é entendê-lo como fenômeno cultural. E através do exame da história que se vai constatar que o processo sempre esteve moldado à cultura de sua época. As 'marchas e contramarchas' do desenvolvimento formalismo processual são marcadas por doutrina de relevo, da mesma forma com que se caracteriza o Direito processual – ramo do Direito 'mais rente a vida' – como verdadeiro 'espelho de uma cultura' ou 'índice de uma civilização'. Compreender o processo como produto da cultura do homem, e não apenas como mera técnica, pois, é o primeiro passo a ser dado para aquele que se dedica a interpretar o fenômeno na pós--modernidade". E finaliza: "Entender que o processo não vive alheio à cultura de seu tempo, mas, pelo contrário, respira os ares do momento histórico em que está inserido é, pois, de todo fundamental". SOARES, Guido Fernando Silva. *Common law*: introdução ao Direito dos EUA 2. ed. São Paulo: Revista dos Tribunais, 2000. p. 21-22. Na verdade, o Direito, enquanto sistema normativo encontra-se concebido e originado da cultura e da civilização de um povo e, portanto, reflete seus valores, e, sendo uma cultura de um povo ou da civilização de uma época, vale enquanto valem os valores inconfundíveis e irredutíveis daquela cultura e civilização. Um paralelismo com as línguas vivas, que igualmente são fruto da cultura e da civilização de um povo, mostra que é totalmente improcedente dizer que a língua inglesa é melhor ou pior que a portuguesa, que esta é mais que aquela ou que aquela é mais concisa do que esta: o que importa é que, tanto numa quanto noutra, as ideias são expressas com igual clareza e os valores são transmitidos de pessoa a pessoa. In: JOBIM, Marco Félix. *Cultura, escolas e fases do processo*. 2. ed. rev. atual. Porto Alegre: Livraria do Advogado, 2014. p. 72/73.

[16] Com opção de corte metodológico, se parte da concepção contemporânea do instituto da prova, ao se entender que a doutrina já traz de modo denso e completo a historicidade dos institutos (prova e prova testemunhal), com destaque para a obra de Moacyr Amaral dos Santos. SANTOS, Moacyr Amaral dos. *Prova Judiciária no Cível e Comercial*. vol. I e III. São Paulo: Max Limond.

Humberto Theodoro Júnior vai além e afirma que "a função jurisdicional não se sujeita apenas a cumprir regras e princípios constitucionais de natureza procedimental. É a Constituição mesma que o Poder Judiciário tem o encargo de tutelar".[17]

A atividade probatória, sendo parte indelével do processo, é elemento essencial para a solução dos conflitos, vez que dela surge o poder de convencimento do magistrado. Partindo dessa premissa, não se pode deixar de ressaltar a relação existente entre a prova e Direitos fundamentais.

E, em se tratando da espécie de Direitos, que possuem maior relevância dentro do ordenamento jurídico brasileiro, insta buscar sua definição, mas sem a pretensão de esgotar a matéria diante de sua profunda complexidade.

Tal complexidade, alerta Ingo Wolfgang Sarlet,[18] está na heterogeneidade, ambiguidade e ausência de um consenso terminológico para a expressão "Direitos fundamentais". Fato que reforça a necessidade de se obter, ao menos para este trabalho, um critério unificador.

Na busca de um conceito, que possa suprir a heterogeneidade dos sentidos da expressão "Direitos fundamentais", Ingo Wolfgang Sarlet, primeiro, traz a necessidade da clarificação da distinção entre as expressões "Direito fundamentais" e "Direitos humanos", já que existe a nítida confusão diante do uso indistinto dos termos, ambos designando o mesmo conceito e conteúdo. Entretanto, não há dúvida de que os Direitos fundamentais, de certa forma, são também sempre Direitos humanos, no sentido de que seu titular sempre será o ser humano.[19]

Após a ressalva existente entre "Direitos humanos" e "Direito fundamentais", Ingo Wolfgang Sarlet define os "Direito fundamentais" como aqueles Direitos do ser humano que são reconhecidos e positivados na esfera do Direito constitucional positivo de determinado Estado.[20]

George Marmelstrein[21] designa os Direitos Fundamentais como "normas jurídicas, intimamente ligadas à ideia de dignidade da

---

[17] THEODORO JÚNIOR, Humberto. Direito processual constitucional. *Revista de Direito Civil e Processual Civil* n° 55, São Paulo: Sellouc. 2008. p. 66-78, p. 66.

[18] SARLET, Ingo Wolfgang. *A eficácia dos Direitos fundamentais*. 12. ed. rev. atual e ampl. Porto Alegre : Livraria do Advogado, 2015. p. 27.

[19] Ibidem, p. 29.

[20] Idem.

[21] MARMELSTREIN, George. *Curso de Direitos fundamentais*. São Paulo: Atlas, 2008. p. 20.

pessoa humana e de limitação do poder, positivadas no plano constitucional de determinado Estado Democrático de Direito, como merecedora de proteção especial". Vê-se que a ideia de norma ligada à dignidade do homem está diretamente associada ao conceito de Direitos Fundamentais.

Ainda que existam algumas posições divergentes, o posicionamento adotado admite o direito probatório, como protegido constitucionalmente vez que "são inadmissíveis, no processo, as provas obtidas por meios ilícitos" (art. 5º, LVI, da CF/88). Logo, tem-se o elemento fundamental à conformação do processo justo. Facilmente se verifica que os Direitos que serão aqui discutidos se encontram, portanto, entre a primeira e a segunda dimensão.[22]

Há, portanto, direito fundamental à prova no processo, vez que essencial à conformação do direito ao processo justo. E mais, o Direito Fundamental à prova assegura a produção da prova admissível no processo e, por consequência, refuta à prova inadequada.

José Joaquim Gomes Canotilho,[23] sintetizando o Direito fundamental à prova, "afirma que o Direito constitucional à prova abrange o Direito à prova em sentido lato (poder de demonstrar em juízo *o fundamento da própria pretensão) e o Direito à prova em sentido estrito* (alegando matéria de facto e procedendo à demonstração de sua existência)".

Pode-se também verificar, conforme Luiz Guilherme Marinoni,[24] que "são inadmissíveis no processo as provas obtidas por meios ilícitos" (art. 5º, LVI),[25] portanto, sempre admitidas, há Direito Fundamental à prova no processo civil.

Nesse ponto, verifica-se que a Constituição, ao regular a prova ilícita –, tão somente, estabelece que toda a prova, via de regra, é lícita. Para tanto, entender quando uma prova é admissível torna-se necessário para tal compreensão.

---

[22] Ingo Wolfgang Sarlet também faz ainda referência às dimensões de Direitos fundamentais. Na primeira dimensão, encontra-se o Direito à vida, o Direito à liberdade, à propriedade e à igualdade perante a lei. Em um segundo momento, os Direitos de segunda dimensão, sendo eles os econômicos, sociais e culturais. Quanto à terceira dimensão, nela estão os Direitos ligados à família, ao povo e à nação, os denominados Direitos de fraternidade ou solidariedade. Há ainda o reconhecimento dos Direitos de quarta dimensão, sendo eles representados pela globalização (Direito à democracia, à informação e ao pluralismo). SARLET, Ingo Wolfgang. *A eficácia dos Direitos fundamentais*. 12. ed. rev. atual e ampl. Porto Alegre: Livraria do Advogado, 2015. p. 45-52.

[23] CANOTILHO, José Joaquim Gomes. *O Ônus da Prova na Jurisdição das Liberdades*. Estudos sobre Direitos Fundamentais. São Paulo: RT, 200. p. 170.

[24] MARINONI, Luiz Guilherme. MITIDIERO. Daniel Francisco. *Código de Processo Civil: Comentado artigo por artigo*. 5. ed. revista e atualizada. São Paulo: RT, 2013. p. 331.

[25] São inadmissíveis, no processo, as provas obtidas por meios ilícitos.

A prova será admissível quando a alegação de fato for controversa, pertinente e relevante. Para Luiz Guilherme Marinoni, a alegação é controversa quando pende nos autos duas ou mais versões a seu respeito. É pertinente quando diz respeito ao mérito da causa. E é relevante quando o seu esclarecimento é capaz de levar à verdade. Reunindo a alegação de fato todas essas qualidades objetivas, o juiz tem o dever de admitir a produção da prova.[26]

Já no entendimento de Fredie Didier Jr.[27] o Direito à prova é conteúdo do Direito fundamental ao contraditório. E explica: "Ele compõe-se da seguinte maneira, das seguintes situações jurídicas: a) o Direito de produzir provas; b) o Direito de participar da produção da prova; c) o Direito de manifestar-se sobre a prova produzida; d) o Direito ao exame, pelo órgão julgador, da prova produzida". E, assim, o Direito à participação na produção de prova é garantia básica, inerente ao contraditório. Não se pode admitir prova produzida secretamente, muito menos se permite a utilização de uma prova de quem não participou da sua produção.[28]

O Direito Fundamental à prova, nesse sentido, também admite, igualmente, as chamadas provas atípicas no processo, vez que a constituição veda àquelas obtidas por meio ilícito, *a contrario sensu*, não sendo obtida por meio ilícito, admissível será a prova.

Consequentemente, não se concebem no processo as provas ilícitas, mediante a garantia constitucional já expressada, pouco importando, se a violação na obtenção da prova fora concernente ao direito material ou ao direito processual, pois em ambos os casos, são inadmissíveis. Em sendo consideradas inadmissíveis, ou seja, obtidas em violação direta aos preceitos constitucionais, devem ser desentranhadas do processo.

### 2.2.1. Da fundamentalidade da verdade no processo e sua problemática no direito probatório

Corolário lógico, da verificação da fundamentalidade da prova, está o conceito de verdade. Até mesmo porque, a descoberta da

---

[26] SARLET, Ingo Wolfgang; MARINONI, Luiz Guilherme; MITIDIERO, Daniel. *Curso de direito constitucional*. 4. ed. ampl., incluindo novo capítulo sobre princípios fundamentais. São Paulo: Saraiva, 2015. p. 769.

[27] DIDIER JR., Fredie; BRAGA, Paula Sarno; OLIVEIRA, Rafael. *Curso de Direito processual civil*: teoria da prova, Direito probatório, teoria do precedente, decisão judicial, coisa julgada e antecipação de tutela. 2º Volume. 7. ed. Salvador: JusPodivm, 2012. p. 18.

[28] Ibidem, p. 19.

verdade sempre foi cogente ao processo. Tem-se, na cultura moderna, um espaço cada vez maior e mais privilegiado para a "exigência da verdade", "a devoção da verdade" e o "desejo da verdade".[29]

E, apesar dos conceitos da função da prova e a verdade estarem umbilicalmente ligados não quer dizer que sejam sinônimos. Pois, ainda que por meio do processo o juiz pretenda descobrir a verdade sobre os fatos, essa não será um fim em si mesma, já que sua busca é uma condição para que se dê qualidade à justiça ofertada pelo estado.[30]

De fato, os conceitos de justiça e verdade também não se separam, vez que da existência de um, depende a existência do outro. Assim, não há justiça com base em prova falsa, tampouco verdade processual, sem uma adequada prestação jurisdicional.[31]

Todavia, a concepção da prova como meio de se obter a verdade é um ponto nevrálgico, pois poder-se-ia dizer que o processo serve para a busca da verdade, assim, como também se poderia dizer que o processo só interessa à verdade processual – também chamada de verdade formal.

Ou seja, *prima face*, parece incontroverso[32] na doutrina que o processo tem por objetivo a busca da verdade, contudo, a mesma sintonia não há quando se busca saber se a verdade que se busca no processo é formal ou material. Ademais, a ideia de que pela prova se busca investigar a verdade dos fatos ocorridos, ou de se verificar a verdade pela reconstrução dos fatos deve ser analisada com a devida parcimônia. Para tanto, pode-se trazer a distinção tradicional que se faz entre verdade material (ou real) e verdade formal (ou processual).

A verdade do processo, como se verifica, tem duas clássicas definições – verdade absoluta e verdade processual. A primeira (verdade material, absoluta) tem ligação com a busca da verdade em sua plenitude. Já a verdade formal, tem por finalidade o convencimento judicial, o que se verifica pelo uso do velho brocardo romano *Quod non est in actis non est in mundo* (o que não está nos autos não está no mundo).

---

[29] TARUFFO, Michele. *A prova*. Trad. João Gabriel Couto. São Paulo: Marcial Pons, 2014. p. 15.

[30] MICHELI, Gian Antonio; TARUFFO, Michele. A prova. *Repro* 16/168. São Paulo: RT, 1979.

[31] DORIA, Rogéria Dotti. O Direito à prova e a busca da verdade material. In: *Provas*: aspectos atuais do direito probatório. Coordenação Daniel Amorim Assumpção Neves. Rio de Janeiro: Forense, 2009. p. 323.

[32] Essa ideia de busca da verdade como incontroverso está vinculada ao processo de brasileiro, vez que nos países de *Common Law*, ver-se-á adiante, sustentam, de um modo geral, que a ideia de justiça é resolver conflito, não havendo interesse na descoberta pela verdade. Teorias similares também são difundias em países de *Civil Law*, fortemente na cultura europeia.

Adverte Sérgio Cruz Arenhart que pela prova se busca investigar a verdade dos fatos ocorridos, sobre os quais se aporá a regra jurídica abstrata, que deverá reger certa situação. Logo, está se tratando com um dos princípios mais fundamentais do processo civil, qual seja, o da verdade substancial (material).[33]

Para Moacyr Amaral Santos, a questão está no momento em que a verdade que se busca quase sempre não se apresenta, ou nunca se apresenta, com a brancura da verdade absoluta, mas apenas com as cores da realidade sensível e inteligível.[34]

E, em suma, poder-se-ia dizer que existe duas correntes, uma cuja finalidade será o convencimento do juiz (verdade processual) e a outra em que se terá como objetivo a busca pela verdade (verdade material).

Essa tradicional distinção, entre verdade formal e verdade material é criticada por Michele Taruffo, quando:

> Outra distinção carente de fundamento que se pode rapidamente deixar de lado (não obstante se trate de um consenso bastante difundido) é aquela que se põe entre verdade *formal* ou *processual*, que se estabelece no contexto do processo, e verdade *real*, que seria apurada somente fora do processo. Há até mesmo quem diga que no processo se obtém somente uma "fixação formal" dos fatos da causa, que não teria qualquer relação com a verdade. A justificativa dessa distinção parece consistir na circunstância de que no processo existem normas que concernem às provas (condicionando, portanto, de várias maneiras a apuração dos fatos) e regras (como aquelas sobre a coisa julgada) que põem fim à busca da verdade. Pelo contrário, fora do processo a busca da verdade "verdadeira" poderá desenvolver-se de forma livre e ilimitada.[35]

Prossegue Michele Taruffo:

> Esse modo de argumentar é, entretanto, falacioso. Por um lado, pode-se dizer que, em linhas gerais, não existem diferentes espécies de verdade, que dependeriam de se estar no interior ou no exterior do processo: como já foi dito várias vezes, a verdade dos enunciados sobre fatos da causa é determinada pela realidade desses fatos, e isso acontece seja no processo, seja fora dele. Portanto, a distinção entre verdade *processual* e verdade *real* carece de fundamento. Se, pois, pensarmos que fora do processo são apuradas verdades absolutas que no processo não são cognoscíveis,

---

[33] ARENHART, Sérgio Cruz. A *verdade e a prova no processo civil*. Disponível em <http://www.abdpc.org.br/abdpc/artigos/S%C3%A9rgio%20Cruz%20Arenhart%282%29%20-%20formatado.pdf>. Acessado em 15 de Fev. de 2015. p. 1.

[34] SANTOS, Moacyr Amaral. *Prova Judiciária no Cível e Comercial*. vol. I, 4. ed. São Paulo: Max Limond, 1970. p. 12.

[35] TARUFFO, Michele. *Uma simples verdade*. O juiz e a construção dos Fatos. Trad. Vitor de Paula Ramos. São Paulo: Marcial Pons, 2012. p. 106-7.

valerá, a propósito, o que foi dito há pouco.[36] Quanto às regras que concernem à admissão, à produção – e, por vezes, até mesmo a valoração das provas – pode-se observar que essas podem limitar ou condicionar de modos diferentes a busca da verdade; isso não implica, entretanto, que essas determinem a descoberta de uma verdade *diferente* daquela que se poderia descobrir fora do processo. Pode-se somente dizer que essas produzem um *déficit* na apuração da verdade que se dá no processo, já que, por exemplo, obstam a produção de provas relevantes à apuração dos fatos cujo conhecimento é importante para a decisão. Esse *déficit* não implica que haja uma verdade *processual*: implica somente que, em um processo em que vigem normas limitadoras da possibilidade de servir-se de todas as provas relevantes, apura-se somente uma verdade limitada e incompleta, ou – nos casos mais graves – não se apura verdade alguma. O problema, então, não concerne à verdade, mas aos limites em que a disciplina do processo consente que essa seja apurada.[37]

Ademais, Michele Taruffo ainda apresenta outros pensadores[38] que coadunam da ideia de que o conceito de verdade é considerado um instrumento superado e inacabado.[39]

Tem-se a concepção de Jean-François Lyotard, na qual a condição da pós-modernidade fundava-se na rejeição das *Grand Narratives*, entre as quais se incluía a Verdade.

Cita também Richard Rorty, segundo o qual, falar em verdade seria um *nonsense*; é nada mais do que aquilo que um grupo de amigos que racionalmente dialoga está de acordo.

Tem-se a posição da jurista estadunidense, Susan Haack, ao afirmar a tendência de sustentar-se a existência de verdades múltiplas (dependendo dos pontos de vista e dos grupos sociais a que os sujeitos pertençam).[40]

Ainda que acima citado, cabe um especial menção a ideia de Jean-François Lyotard, pois contribui com a ideia do fim da verdade, ao abordar o conceito de pós-modernidade. Uma vez que o conceito de pós-modernidade, está relacionado à sua abolição. Nesse sentido, considera a ideia tradicional de verdade, totalmente infundada.[41]

---

[36] Sendo evidente que a Verdade com letra maiúscula (ou seja, a verdade absoluta) não pertence ao mundo das coisas humanas, é também evidente que essa não pertence ao mundo da justiça e do processo.

[37] TARUFFO, Michele. *Uma simples verdade*. O juiz e a construção dos Fatos. Trad. Vitor de Paula Ramos. São Paulo: Marcial Pons, 2012. p. 106-7.

[38] Ibidem, p. 95.

[39] Ibidem, p. 96.

[40] Idem.

[41] LYOTARD, Jean-François. *O pós-moderno*. Trad. Ricardo Corrêa Barbosa. Rio de Janeiro: José Olympio, 1986.

A verificação da verdade no processo e para com o processo é de fundamental importância, mas a intenção de aqui se conceituar as duas principais correntes e a crítica contemporâneas dessas visões, faz-se necessária, pois dessa distinção advirão consequências pontuais àquele que se aprofunda no direito probatório.

Cita-se, como exemplo, e que adiante será tratado, as regras de exclusão do direito probatório, pois tanto no direito de *Civil Law* como no *Common Law*, tal regramento restringe a verdade – tanto material como formal, em favor de regras processuais.

Fato esse, que não modifica a ideia de que a prova é um meio para demonstrar no processo que os fatos ocorreram conforme alegados pela parte, diante do conceito de verdade e o Direito à sua produção também é um pressuposto necessário ao exercício do Direito de ação e do acesso ao Judiciário, garantem ao Direito probatório, *status* de Direito fundamental.

## 2.3. Do princípio da oralidade

Além do princípio fundamental à prova e à verificação na busca pela verdade, destaca-se também a existência do princípio processual da oralidade, o qual será analisado em razão das relações processuais voltadas à produção de provas e do convencimento do Juiz nas decisões judiciais – fundamentos deste trabalho.

A oralidade é, ao mesmo tempo, um critério e um princípio. Nesse aspecto, é uma forma de realização de determinado ato processual (oral ou escrito), portanto, um critério. Já como princípio, é uma norma informadora de outras regras e princípios, especialmente a identidade física do juiz, a imediatidade, a concentração dos atos e a irrecorribilidade imediata das decisões interlocutórias.[42] Para esse tópico, interessa a oralidade vista como princípio. Pois, no último capítulo será analisada como um critério.

O princípio da oralidade determina que certos atos devam ser praticados oralmente, ou ao menos, preferencialmente na forma oral. Ou seja, recomenda o princípio, que em certos atos haja a prevalência da fala sobre a escrita. Mas essa é apenas um de seus aspectos. Pois, a oralidade constitui mais propriamente um verdadeiro modelo de processo, cujas linhas essenciais são: predomínio da palavra

---

[42] CARDOSO, Oscar Valente. A oralidade no novo código de processo civil: de volta para o passado. In: DIDIER JR, Fredie. *Novo CPC doutrina selecionada*. v. 1: parte geral. Salvador: juspodvm, 2015, p. 547.

falada sobre a escrita, concentração, imediação, identidade física do juiz, publicidade e irrecorribilidade em separado das decisões interlocutórias.[43]

Constitui-se, desse modo, o princípio da oralidade, numa opção ideológica do Código de Processo Civil de 1973, conforme referência expressa na exposição de motivos do código. E nesse sentido, teria, em *ultima ratio*, o propósito de estabelecer a comunicação oral como forma preferencial para a prática dos atos do processo.[44]

O Novo Código de Processo Civil dispõe que as provas devem ser realizadas na audiência de instrução e julgamento,[45] de modo que o julgamento da matéria se dê com celeridade, com um número menor de atos processuais, aproximando o magistrado à verificação robusta da prova. Bem como, no procedimento ordinário, a audiência é una e contínua,[46] devendo nela se realizar a instrução da causa,[47] o debate oral[48] e o julgamento.[49]

Em dias atuais é incomum o procedimento oral, tanto por questões de volume de processos, como por fatores nitidamente culturais, o que ao fim e ao cabo, leva ao desvirtuamento total do sistema.

Ao passo que a exceção virou regra, os debates orais foram substituídos pelos memoriais, a fragmentação da audiência tornou-se comum e, não raras vezes, os advogados enfrentam dificuldades para serem recebidos por magistrados.

Até mesmo o consagrado tratamento oral da causa em órgãos colegiados, com a possibilidade de sustentação oral pelo advogado e a prolação imediata do voto pelos magistrados, paulatinamente – também por razões de volume de trabalho, vêm sendo substituídos por votos já previamente lavrados, por vezes dispensando o advogado da sustentação oral, ou mesmo, solicitando permissão para apenas enunciar o resultado do julgamento.

Sabe-se que se tem o procedimento misto, sendo a palavra escrita primordial, mas ao seu lado a devida oralidade, como meio de expressão de atos resultantes para a formação do convencimento do juiz.

---

[43] OLIVEIRA, Carlos Alberto Alvaro de; MITIDIERO, Daniel. *Curso de Processo Civil*: teoria geral do processo e parte geral do Direito processual civil. Vol. I. São Paulo: Atlas, 2010. p. 83.
[44] PORTO, Sergio Gilberto; PORTO, Guilherme Athayde. *Lições sobre Teorias do Processo*: cível e constitucional. Porto Alegre: Livraria do Advogado, 2013. p. 60.
[45] Art. 449 do Novo CPC.
[46] Art. 365 do Novo CPC.
[47] Art. 361 do Novo CPC.
[48] Art. 364 do Novo CPC.
[49] Art. 366 do Novo CPC.

Isso, contudo, não diminui a importância da oralidade, visto que certos atos ainda dependem necessariamente dessa forma, como é o caso da inquirição de testemunha, por exemplo.

A oralidade dentro da relação processual, portanto, tem como fator principal realizar os atos processuais em menor número, para que com isso o processo se torne mais célere.

Assim, entende-se o princípio da oralidade não apenas pela preponderância de os orais sobre os atos na forma escrita, mas também pela verificação de outros fatores. A oralidade dos atos é apenas uma das suas funções, pois caso não sejam observadas as demais características (concentração dos atos, imediatidade, irrecorribilidade imediata das decisões interlocutórias entre outros), ter-se-á um processo com características e prevalência pela oralidade, mas não será tido como um princípio processual.

### 2.4. Do conceito, do objeto e dos meios legais de provas

Qualquer teoria pressupõe um conceito fundamental primário, do qual todos os demais são satélites.[50] O conceito primário é uma categoria do pensamento que delimita o campo de objeto da ciência e articula a multiplicidade dos conceitos numa coerente sistematização lógica.[51] Por assim entender, o conceito primário do estudo sobre a prova testemunhal é, inicialmente, o próprio conceito de prova, conclusão essa, a que se chega por um enfoque epistemológico prioritário para essa dissertação.

Cabe, portanto, para que se possa desenvolver o tema central do presente trabalho, tecer algumas considerações e conceituações, ainda que breves a respeito das provas em geral.

#### 2.4.1. Do conceito de prova

Como inicialmente referido, o Direito tende a mudar de acordo com as transformações que ocorrem na sociedade. Por conseguinte, os conceitos também mudam de acordo com a evolução da coleti-

---

[50] VILANOVA, Lourival. *Sobre o conceito do Direito. Escritos jurídicos e filosóficos*. Brasília: Axis Mvndi/IBET, 2003, v. 1, p. 10; DIDIER Jr., Fredie. *Sobre a Teoria Geral do Processo, essa desconhecida*. 2. ed. Salvador: Juspodivm, 2013, p. 61 e segs.

[51] Idem; ibidem, p. 10.

vidade. E nesse sentido, precisam acompanhar essa evolução para estar apto a tutelar os interesses da época em que se encontra.

Ao passo que, deve-se ter certa dose de cuidado ao se analisarem conceitos fechados e determinados de institutos como o da prova, exatamente em razão dessas alterações que o instituto vem sofrendo ao longo dos tempos.

Contudo, em que pese tais alterações, é possível entender que qualquer decisão humana, seja o ambiente que tenha sido proferida, é senão o resultado de um convencimento produzido a partir do exame de diversas circunstâncias, baseadas no elemento de prova a qual lhe foram postas.[52]

Ainda numa primeira impressão, já é possível notar a importância do instituto da prova para a busca da solução dos conflitos de interesses. Pois, é na prova e pela prova, que vão-se confirmar os fatos afirmados pelas partes. Consistindo, em suma, na reprodução oral do que se encontra na memória daqueles que, não sendo parte, presenciaram ou tiveram notícia dos fatos da demanda.

Pela origem do vocábulo *"prova"*, derivado do latim *probatio*, que significa "ensaio, verificação, inspeção, exame, argumento, razão, aprovação, confirmação".[53] Assim, a prova, portanto, no seu sentido amplo, busca convencer o espírito da verdade respeitante a alguma coisa.[54] Ou ainda, como comprovação da verdade de uma proposição.[55] Essencialmente, *provar* significa demonstrar a verdade de uma proposição afirmada.

A ideia do termo "prova", como do possível de assumir várias conotações, é retratada por Luiz Guilherme Marinoni e Sérgio Cruz Arenhart:[56]

---

[52] DIDIER Jr., Fredie; BRAGA, Paula Sarno; OLIVEIRA, Rafael. *Curso de Direito processual civil*: teoria da prova, Direito probatório, teoria do precedente, decisão judicial, coisa julgada e antecipação de tutela. 2º Vol. 7. ed. Salvador: Juspodivm, 2012. p. 17.

[53] SANTOS, Moacyr Amaral. *Prova Judiciária no Cível e Comercial*. vol. I, 2. ed. São Paulo: Max Limond, 1952. p. 11.

[54] SANTOS, Moacyr Amaral. *Primeiras linhas de Direito processual civil*. Vol. 2. 24. ed. rev. e atualizada por Maria Beatriz Amaral Santos HKöhnen. São Paulo: Saraiva, 2008. p. 341.

[55] CAMEJO FILHO, Walter. Juízo de admissibilidade e juízo de valoração das provas. In: ALVARO DE OLIVEIRA, Carlos Alberto (org.). *Prova Cível*. Rio de Janeiro: 2005. p. 01-02.

[56] Cabe advertir, desde logo, que a palavra 'prova' pode assumir diferentes conotações não apenas no processo civil, mas também em outras ciências. Assim é que, pode significar inicialmente os instrumentos de que se serve o magistrado para o conhecimento dos fatos submetidos à sua análise, sendo possível assim falar em prova documental, prova pericial etc. Também pode essa palavra representar o procedimento através do qual aqueles instrumentos de cognição se formam e são recepcionados pelo juízo; este é o espaço em que se alude à produção da prova. De outra parte, prova também pode dar a ideia da atividade lógica, celebrada

Cabe advertir, desde logo, que a palavra "prova" pode assumir diferentes conotações não apenas no processo civil, mas também em outras ciências. Assim é que, pode significar inicialmente os instrumentos de que se serve o magistrado para o conhecimento dos fatos submetidos à sua análise, sendo possível assim falar em prova documental, prova pericial etc. Também pode essa palavra representar o procedimento através do qual aqueles instrumentos de cognição se formam e são recepcionados pelo juízo; este é o espaço em que se alude à produção da prova. De outra parte, prova também pode dar a ideia da atividade lógica, celebrada pelo juiz, para o conhecimento dos fatos (percepção e dedução, no dizer de PROTO PISANI). E, finalmente, tem-se como prova, ainda, o resultado da atividade lógica do conhecimento.

Nesse sentido é que se passa para a definição da prova do ponto de vista legalístico, sendo um dos mais importantes institutos do processo civil, já que é o meio (finalidade) que as partes têm para convencer o Juiz (destinatário) de um fato, mediante o uso de meios moralmente aceitos (objeto).

Tal descrição, ainda que breve, traz em seu bojo o conceito de prova. Ocorre, ainda que possa transparecer certa tranquilidade, o conceito de prova não é unívoco, sendo discutido inclusive se a natureza jurídica das regras probatórias é de natureza de Direito material ou de Direito processual. Entretanto, diante desse e de outros debates existentes, busca-se uma conceituação ampla e generalista do instituto.

Luiz Rodrigues Wambier[57] entende a prova "como o instrumento processual adequado a levar ao conhecimento do juiz os fatos que envolvem a relação jurídica objeto da atuação jurisdicional".

Rui Manuel de Freitas Rangel[58] define o instituto da prova, nos seguintes termos:

> Pode-se definir a prova, no domínio processual, como a actividade ou o conjunto de operações destinadas à formação da convicção do juiz, sobre a veracidade dos factos controvertidos que forma carreados para o processo pelas partes e que se encontram seleccionados na base instrutória. Ela visa fornecer os elementos ao julgador sobre a realidade dos factos controvertidos, sanando, na medida do possível, as dúvidas existentes na sua mente sobre os factos carecidos de prova.

---

pelo juiz, para o conhecimento dos fatos (percepção e dedução, no dizer de PROTO PISANI). E, finalmente, tem-se como prova, ainda, o resultado da atividade lógica do conhecimento. MARINONI, Luiz Guilherme; ARENHART, Sérgio Cruz. *Manual do Processo de Conhecimento.* 3. ed. Revista dos Tribunais: São Paulo, 2004. p. 311.

[57] WAMBIER, Luiz Rodrigues. CORREIA DE ALMEIDA, Flávio Renato; TALAMINI, Eduardo. *Curso Avançado de Processo Civil.* v. I. 7. ed. Revista dos Tribunais: São Paulo, 2005. p. 428.

[58] RANGEL, Rui Manuel de Freitas. *O Ónus da Prova no Processo Civil.* Almedina: Coimbra, 2000. p. 20.

Para Vicente Greco Filho,[59] "a prova é todo elemento que pode levar ao conhecimento de um fato a alguém".

No processo jurisdicional, traz Fredie Didier Jr.,[60] "prova é a efetivação de um determinado resultado prático favorável a quem tenha razão, que seja produto de uma decisão que se baseia nos fatos suscitados no processo".

Giuseppe Chiovenda[61] define prova como "a convicção do juiz sobre a existência, ou não, de fatos relevantes no processo".

Para Carl Joseph Mittermaier,[62] "Prueba es la suma de los motivos que producen la certeza". Já segundo Devis Echandia,[63] "Prueba judicial (en particular) es todo motivo o razón aportado al proceso por los medios y procedirnientos aceptados en la ley, para llevarle al juez el convencimiento la certeza sobre los hechos".

Vê-se diante das definições trazidas, que a prova, em qualquer sistema racional, visa à determinação dos fatos juridicamente relevantes e assim, torna-se o meio pelo qual o juiz pode formar a sua convicção sobre os fatos do processo.

A prova se presta a verificar um fato ou uma alegação de quem postula em juízo, buscando convencer o juiz da causa da veracidade (ou da verossimilhança) daquilo que se afirma. Para tanto, são os fatos o objeto de prova.

Cabe ressaltar a exceção trazida no art. 376 do Novo CPC,[64] que de modo excepcional aceita a prova como alegação de Direito, e não do fato posto em causa, quando a parte terá o ônus de provar o teor e a vigência de Direito municipal, estadual, estrangeiro ou consuetudinário, se assim o determinar o juiz.

Ainda que carente de uma definição segura de prova, é através dessa que se chega ao resultado determinante da convicção judicial. Assim, as partes promovem a busca pelas provas em juízo, no intuito

---

[59] GRECO FILHO, Vicente. *Direito Processual Civil*, 2º vol., 14. ed. São Paulo: Saraiva, 2000, p. 179.

[60] DIDIER Jr., Fredie; BRAGA, Paula Sarno; OLIVEIRA, Rafael. *Curso de Direito processual civil*: teoria da prova, Direito probatório, teoria do precedente, decisão judicial, coisa julgada e antecipação de tutela. 2º Volume. 7. ed. Salvador: Juspodivm, 2012. p. 17.

[61] CHIOVENDA, Giuseppe. *Instituições de Direito processual Civil*. Vol. III, São Paulo: Bookseller, 1998, p. 91.

[62] MITTERMAIER, Carl Joseph Anton.*Tratado de las Pruebas*, Madrid, 1893, p. 65.

[63] ECHANDIA, Hermando Devis. *Teoria general de la prueba judicial*. t.1. 5. .ed. Buenos Aires: Victor P. de Zavalia, 1981. p. 34.

[64] Art. 376. A parte que alegar Direito municipal, estadual, estrangeiro ou consuetudinário provar-lhe-á o teor e a vigência, se assim o juiz determinar.

de alcançar a convicção judicial que colocará fim à lide. Com isso, a prova, constitui, em matéria processual, a própria alma do processo ou a luz, que vem esclarecer a dúvida a respeito dos Direitos disputados.

É oportuno advertir que não se pretende apresentar uma classificação do termo, diante dos inúmeros critérios apresentados pelos processualistas para esse fim, por exemplo: como atividade desenvolvida no processo para a reconstrução dos fatos; ou como um instrumento pelo qual se leva o juiz ao conhecimento dos fatos; e, até mesmo, como simples meio de convencimento do julgador.[65] Entretanto, sem perder de vista que o conceito de prova pode ser visto também por uma ótica subjetiva.[66] Contudo, essa é uma discussão que deve ser abstraída, sendo relevante para o presente estudo apenas a afirmação de que a prova reconstrói idealmente o fato.

Nesse aspecto, a prova terá um objeto, uma finalidade e um destinatário. Sendo o destinatário da prova judiciária o julgador, cabe verificar seu objeto e sua finalidade.

### 2.4.2. Do objeto da prova

O julgamento da lide pelo órgão jurisdicional depende da prova dos fatos, cabendo ao autor, com apoio nos fatos para lograr êxito em seu pedido, e o réu, em sentido contrário, ampara-se também nos fatos para ver rechaçada a demanda daquele. Assim, em princípio, o objeto da prova são os fatos.

---

[65] Na terminologia jurídica, o vocábulo é normalmente utilizado em duas acepções: subjetivamente, que consiste na convicção ou certeza da existência ou inexistência de um fato, e objetivamente, que diz respeito a tudo quanto nos possa convencer da certeza de um fato (Rezende Filho, 1955, p. 182). Há outros, contudo, que emprestam ao termo prova um triplo significado. Além do subjetivo e objetivo, compreenderia a prova também na "atividade que os sujeitos do processo realizam para demonstrar a existência dos fatos formadores de seus Direitos que haverão de basear a convicção do julgador ..." (Silva, 1991, p. 275). Diz-se então, neste sentido, que a parte produz prova para formar a convicção do juiz acerca de suas afirmações. In: CAMPO, Hélio Márcio. *O princípio dispositivo em Direito probatório*. Porto Alegre Livraria do Advogado, 1994.

[66] O conceito clássico de prova, dominante entre os séculos XII a XV, partindo das limitações próprias do homem na apreensão do fato, da falibilidade do próprio conhecimento humano, da sempre presente hipótese do erro e, com isso, da injustiça, procurava, pois, fornecer as bases para que o erro, o equívoco, fossem evitados; já o conceito moderno, numa visão positivista e cientificista, procura, na verdade "conhecer" o fato em sua inteireza fenomênica, reputando-o como um "mundo autônomo", perfeitamente "apreensível" pelos sentidos com o auxílio da razão. In. KNIJNIK, Danilo. *O recurso especial e a revisão da questão de fato pelo Superior Tribunal de Justiça*. Rio de Janeiro: Forense, 2005.p. 73.

Francesco Carnelutti,[67] após salientar que o costume é de se falar em provar os fatos, assevera que o correto é dizer que se prova um juízo, pois "*es el juicio el que se pone a prueba*".

Nessa concepção, Ovídio Baptista da Silva[68] aduz que "os fatos não se provam, os fatos existem. O que se prova são as afirmações que poderão referir-se a fatos" seguindo assim, a corrente daqueles (Devis Echandia,[69] Silva Melero entre outros) que se inclinam a considerar o objeto da prova como sendo os fatos.[70]

Aliás, Pontes de Miranda,[71] no seu escólio destinado ao exame das provas, é taxativo "a prova refere-se a fatos", e complementa: "A prova concerne à existência e à inexistência no mundo fáctico ou no mundo jurídico".

Todavia, os fatos alegados para serem objetos de prova têm de ser controversos, pertinentes e relevantes. Nesse ponto importa definir exatamente o que se prova, portanto, entender qual o objeto dessa.

Assim, o objeto da prova constitui o conjunto de alegações controvertidas das partes em relação aos fatos relevantes e pertinentes para o julgamento da causa. Ao passo que os fatos relevantes são considerados os acontecimentos da vida que influenciam o julgamento da lide. Já os fatos pertinentes são aqueles que possuem relação direta ou indireta com a causa.

Para Luiz Guilherme Marinoni,[72] alegação controversa é aquela sobre a qual as partes não se encontram em acordo. Alegação pertinente é aquela que tem relação com o mérito da causa. Alegação relevante é aquela que pode influir sobre a resolução do mérito da causa.

---

[67] CARNELUTTI, Francesco. *Derecho Procesal Civil y Penal*. v .1. Derecho Procesal. Civil. Derecho y Proceso. Buenos Aires: Europa-America. 1971. p. 145.

[68] SILVA, Ovídio Baptista da. *Curso de Processo Civil*. v. 1. 2. ed. Porto Alegre: Sergio Antonio Fabris, 1991. p.280.

[69] "objeto da prova é qualquer coisa que se pode provar em geral, "aquello sobre lo que puede recaer la prueba; es una noción puramente objetiva y abstracta, no limitada a los problemas concretos de cada proceso In: ECHANDIA, Hermando Devis. *Teoria general de la prueba judicial*. t.1. 5. ed. Buenos Aires: Victor P. de Zavalia Editor, 1981. p. 142.

[70] CAMPO, Hélio Márcio. *O princípio dispositivo em Direito probatório*. Porto Alegre Livraria do Advogado, 1994. p. 19.

[71] MIRANDA. Pontes de. *Comentários ao código de processo civil*. v. 2 e 4. Rio de Janeiro: Forense, 1974. p. 14.

[72] MARINONI, Luiz Guilherme; MITIDIERO. Daniel Francisco. *Código de Processo Civil*: Comentado artigo por artigo. 5. ed. rev. e atual. Revista dos Tribunais: São Paulo, 2013. p. 328.

Trata Cassio Scarpinella Bueno[73] que, em geral, o objeto da prova recai sobre o fato cuja existência devidamente reconhecida pelo juiz dará ensejo ao acolhimento ou à rejeição do(s) pedido(s) de tutela jurisdicional.

Já para Moacyr Amaral Santos,[74] "a prova tem por finalidade convencer o juiz quanto à existência ou inexistência dos fatos sobre que versa à lide. Estes, portanto, constituem o seu objeto".

Nesse sentido, fica evidenciada a necessidade de provar as alegações controvertidas. No entanto, nem todos os fatos precisam ser objeto de prova, é o que disciplina o art. 374[75] do Novo Código de Processo Civil – NCPC.

De acordo com o inciso I, os fatos notórios[76] independem de prova, em razão de sua própria natureza, já que de conhecimento comum. O inciso II, trata da confissão,[77] pois, o fato uma vez confessado, independe de prova. Pelo inciso III, torna desnecessária a prova dos fotos incontroversos. Neste ponto, independe se a aceitação do fato tenha sido expressa ou mediante a falta de impugnação de ponto específico (princípio da impugnação especificada). Pode ter ocorrido ainda pelo instituto da revelia ou contumácia, ou mesmo por qualquer outro meio processual que resulte nesta situação. Por fim, o inciso IV, que dispensa a prova quando em seu favor milita presunção legal de existência ou de veracidade, como exemplo os arts. 231[78] e 232[79] do Código Civil Brasileiro. A doutrina acrescenta os fatos impossíveis como excluídos de objeto de prova.[80]

Aqui, deve-se invariavelmente abrir um parêntese, no que se refere à "confissão" como meio de prova. Chama-se confissão a admissão, pela parte, da verdade de um fato contrário ao seu interesse

---

[73] BUENO, Cassio Scarpinella. *Curso sistematizado de Direito processual civil*: procedimento comum: ordinário e sumário. Vol. 2, tomo I. São Paulo: Saraiva, 2007. p. 245.

[74] SANTOS, Moacyr Amaral. *Primeiras linhas de Direito processual civil*. Volume 2. 24. ed. rev. e atual. por Maria Beatriz Amaral Santos HKöhnen. São Paulo: Saraiva, 2008. p. 347.

[75] Art. 374. Não dependem de prova os fatos: I notórios; II afirmados por uma parte e confessados pela parte contrária; III admitidos no processo como incontroversos; IV em cujo favor milita presunção legal de existência ou de veracidade.

[76] Entendido como aquele de conhecimento geral, perceptível por qualquer pessoa, ainda que de mediano entendimento.

[77] Existe forte divergência na doutrina se a confissão é, ou não, um objeto de prova.

[78] Art. 231. Aquele que se nega a submeter-se a exame médico necessário não poderá aproveitar-se de sua recusa.

[79] Art. 232. A recusa à perícia médica ordenada pelo juiz poderá suprir a prova que se pretendia obter com o exame.

[80] CINTRA, Antonio Carlos de Araújo; GRINOVER, Ada Pellegrini; DINAMARCO, Candido Rangel. *Teoria Geral do Processo*. 23. ed. São Paulo: Malheiros, 2007. p. 348.

e favorável ao adversário, não confundindo a confissão, a qual versa exclusivamente sobre *fatos* e pode ser feita por qualquer das partes, com o reconhecimento da procedência do pedido. E, nesse sentido, divergem quanto ao que se refere à natureza jurídica da confissão.[81] Fecha-se o parêntese.

Desse modo, são objeto de prova os fatos controvertidos no processo, ou seja, aqueles sobre os quais as partes conflitam – uma parte os afirma e a outra os contesta. Para ser objeto de prova os fatos precisam, igualmente, ser relevante para a controvérsia, ter relação ou conexão com a causa.

### 2.4.3. Dos meios legais de prova

Diferentes conceitos culturais relativos ao conhecimento da verdade e a função das decisões judiciais tiveram forte influência não só na concepção da prova, mas como de seus meios. Nesse contexto, muitos podem ser os meios de prova, mas o fator predominante deve-se dar com base no princípio da relevância.

Neste aspecto, Michele Taruffo afirma que não é surpresa que ao longo da história da prova, muitas tenham sido as tentativas no sentido de pôr ordem em um terreno tão complexo e de descobrir maneiras de classificar suas ocorrências mais relevantes. Em certo sentido, a história da prova é a história de conceitos e distinções usados para definir e analisar diferentes tipos possíveis de prova, tomando como base seus braços distintivos.[82]

Atualmente, diversas são as tipologias para esboçar aquilo que chamamos de meios de prova.

Para Michele Taruffo, a função dos meios de prova pode facilmente ser definida com batente facilidade em todos os sistemas processuais:

> De maneira mais ou menos clara, os meios de prova conectam-se aos fatos em litígio através de uma relação instrumental: "meio de prova" é qualquer elemento que possa ser utilizado para estabelecer a verdade dos fatos da causa. A ideia básica é

---

[81] Divergem os escritores no que se refere à natureza jurídica da confissão, formando-se em duas correntes distintas. Uma das correntes (PESCATORE, MATTIROLO, GIORGI, GARSONNET, SALEILLES e outros) confere a confissão natureza convencional; outra (LESSONA, MORTARA, CHIOVENDA, BETTI, CARNELUTTI e a generalidade dos processualistas contemporâneos) considera-a meio de prova. In: SANTOS, Moacyr Amaral. *Primeiras linhas de Direito processual civil*. Vol. 2. 24. ed. rev. e atual. por Maria Beatriz Amaral Santos HKöhnen. São Paulo: Saraiva, 2008. p. 345/446.

[82] TARUFFO, Michele. *A prova*. Trad. João Gabriel Couto. São Paulo: Marcial Pons, 2014. p. 57.

que o litígio surge a partir de certos fatos e sobre esse se baseia; que esses fatos são disputados pelas partes; que tal disputa deve ser resolvida pelo tribunal; e que a solução da "controvérsia sobre os fatos" é alcançada quando o tribunal estabelece a verdade sobre os fatos que motivaram a disputa.[83]

Não confundindo "meios" de prova com as "fontes" das provas, que são os elementos externos ao processo do quais se retiram informações para compreensão do alegado.[84]

O Novo Código de Processo Civil também afirma que todos os meios legais, bem como os moralmente legítimos, ainda que não especificados no Código, são hábeis para provar a verdade dos fatos em que se funda o pedido ou a defesa e influir eficazmente na convicção do juiz.[85]

Tem-se no Direito brasileiro, nove meios legais de prova, sendo: depoimento pessoal,[86] confissão,[87] exibição de documento ou coisa[88], prova documental,[89] prova testemunhal,[90] prova pericial[91] e inspeção judicial,[92] a ata notarial[93] e o documento eletrônico.[94]

Logo, as provas não inseridas no rol acima exposto e, logo, sem previsão expressa, são denominadas provas atípicas, sendo aquelas produzidas por um meio legal, ou moralmente legítimo.

O tema das provas atípicas teve enfrentamento por Darci Guimarães Ribeiro, que assim as qualifica:

> São esses "outros meios", não delimitados, e alguns nem positivados pelo legislador, como forma de convencimento, que procuraremos desenvolver nesta exposição, uma vez que não se encontram delimitados por nenhuma lei, não apresentam requisitos, consequentemente, tornem-se obscuros, pouco utilizados, devido à insegurança trazida pela falta de seu conhecimento, quando deveria ser exatamente o oposto, uma vez que a realidade não se limita àquelas hipóteses legais previstas pelo legislador,

---

[83] TARUFFO, Michele. *A prova*. Trad. João Gabriel Couto. São Paulo: Marcial Pons, 2014. p. 15.
[84] BUENO, Cassio Scarpinella. *Curso sistematizado de Direito processual civil*: procedimento comum: ordinário e sumário. Vol. 2, tomo I. São Paulo: Saraiva, 2007. p. 248.
[85] Art. 374. Não dependem de prova os fatos: I – notórios; II – afirmados por uma parte e confessados pela parte contrária; III – admitidos no processo como incontroversos; IV – em cujo favor milita presunção legal de existência ou de veracidade.
[86] Do depoimento pessoal: arts. 392 a 395 do NCPC.
[87] Da confissão: arts. 396 a 402 do NCPC.
[88] Da exibição de documento ou coisa: arts. 403 a 411 do NCPC.
[89] Da prova documental: arts. 412 a 445 do NCPC.
[90] Da Prova testemunhal: arts. 449 a 470 do NCPC.
[91] Da prova pericial: arts. 471 a 490 do NCPC.
[92] Da inspeção judicial: arts. 491 a 494 do NCPC.
[93] Da ata notarial. art. 391 do NCPC.
[94] Dos documentos eletrônicos. arts. 446 a 448 do NCPC.

que só têm o condão de fazer com eu fique limitada a capacidade de percepção do juiz, o qual não consegue enxergar além da previsão legal.[95]

Por conseguinte, em que pese se tenha sete meios de prova, devidamente disciplinados, esses não excluem outros, desde que moralmente legítimos (provas atípicas). Como, por exemplo, a prova estatística e por amostragem, prova emprestada, declarações de terceiros, perícias extrajudiciais, comportamento das partes, notícias da mídia, entre outros meios que a tecnologia ou que a moralidade venha a nos propiciar.

Como se vê, são admitidos todos os meios de prova, bastando que esses sejam éticos e lícitos, ou seja, moralmente legítimos e aceitos pela sociedade.

Ainda que, de grande importância, por questões metodológicas, apenas será referido à existência da vedação da utilização de provas ilícitas, pois, normalmente alvo de grandes debates doutrinários além de estar disciplinada no art. 5º, LVI, da Constituição Federal do Brasil,[96] quando expressamente veda a utilização de provas obtidas por meio ilícito.

Desse modo, não obstante a toda essa gama de possibilidades, de infindáveis discussões doutrinárias no que se refere "aos meios legais de prova", atém-se ao até aqui descrito, vez que o foco do trabalho diz respeito, tão somente, a prova testemunhal.

Passa-se assim, visto o Direito probatório, ainda que de forma *en passant*, a buscar entender a concepção contemporânea da prova testemunhal, objeto primordial deste trabalho.

## 2.5. Da concepção contemporânea da prova testemunhal

Cada sociedade tem o seu processo e, à medida que ela evolui, o seu processo também deve evoluir, sob pena de causar injustiças, pois a evolução dos fatos sociais exige instrumento adequado e eficaz capaz de regulá-los satisfatoriamente.[97]

Para Darci Guimarães Ribeiro,[98] o processo contemporâneo é um processo de partes, no qual um sustenta e outro defende, isto é, há uma tese, uma antítese e uma síntese.

---

[95] RIBEIRO, Darci Guimarães. *Provas atípicas*. Porto Alegre: Livraria do Advogado, 1998. p. 93.
[96] LVI – São inadmissíveis, no processo, as provas obtidas por meios ilícitos.
[97] RIBEIRO, Darci Guimarães. *Provas atípicas* Porto Alegre: Livraria do Advogado, 1998. p. 17.
[98] Ibidem, p. 59.

Para que se possa adentrar na concepção contemporânea da prova testemunhal, indispensável mencionar ser essa uma das formas de prova mais antigas, não sendo possível imaginar a atividade probatória sem a presença de testemunhas.

Moacyr Amaral Santos[99] escreve que "voltaram" para a prova testemunhal pelo fato de que, com o desaparecimento dos ordálios, restaurou-se o prestígio que a testemunha tinha merecido na antiguidade e, sobretudo, em Roma. Narra ainda que a prova testemunhal é conhecida desde a infância dos povos, sendo antiga como o próprio homem, cuja origem nasceu com a afirmação do Direito individual e continua a exercer ainda papel relevante nas nações civilizadas.

Muitas vezes, inclusive, diante da ausência da tecnologia e do crescimento da sociedade que hoje se apresenta, figurava como o único meio de prova possível às partes.

Nesse contexto, a história do Direito probatório intimamente marcado pela busca de um ideal de justiça, hoje se fortalece a partir da verificação de ideais, como a oralidade, celeridade do processo e fortalecimento dos poderes do juiz. E porque não dizer, que pelo novo Código, também se pode considerar o fortalecimento dos poderes das próprias partes na condução do processo, mediante o dever de colaboração.[100]

Para tanto, sendo o processo o meio de tutela estatal, pela qual o autor e réu buscam a solução de seus conflitos de interesses, não basta a simples alegação dos fatos, com exceção daqueles já comentados.[101]

Nesse contexto, ganha relevo as concepções atuais, dentre elas a preocupação com a busca da reconstrução da verdade dos fatos, para formação do convencimento judicial, possibilitando uma decisão justa, adequada e efetiva. Por isso, importante determinar de forma cognoscitiva o sentido das normas jurídicas atreladas aos novos paradigmas norteadores do Direito probatório.

Para o processo civil contemporâneo, a função da prova não pode ser outra senão a de formar o convencimento judicial e a certeza sobre as afirmações nas quais se funda a ação, a fim de que se

---

[99] SANTOS, Moacyr Amaral. *Prova Judiciária no Cível e Comercial*.vol. I, 4. ed. São Paulo: Max Limond, 1970. p. 38.

[100] Art. 6º Todos os sujeitos do processo devem cooperar entre si para que se obtenha, em tempo razoável, decisão de mérito justa e efetiva.

[101] Nem todos os fatos precisam ser objeto de prova, é o que disciplina o art. 374 do Novo Código de Processo Civil.

possam garantir valores constitucionais como o de acesso à ordem jurídica justa.[102]

No âmbito da prova, os instrumentos, para garantir a sua eficácia, são elevados a *status* constitucional. Consequentemente, o Direito constitucional à prova é a garantia de sua efetivação.

Ou seja, tem-se, no Direito contemporâneo, uma preocupação em saber se o fato reconstruído no processo é o mesmo ocorrido no mundo físico, ou se a ideia do fato que se obtém no processo guarda consonância com o fato ocorrido no passado. E, portanto, tem-se na prova testemunhal um dos mais comuns meios de prova, se não "o" mais comum deles.

### 2.5.1. Conceito de testemunha

Não se pode, primeiramente, confundir, o termo *testemunha* (no feminino), que designa a pessoa chamada a depor, enquanto *testemunho* (no masculino) significa o próprio depoimento prestado pela testemunha.

Feita essa distinção, verifica-se num sentido amplo que, *testemunhar* – do latim *testari* – significa dar testemunho de alguma pessoa ou coisa, afirmar, confirmar, asseverar, mostrar, revelar, manifestar, testificar, declarar. A ação de testemunhar pode ser atribuída à pessoa ou coisa.[103]

Na linguagem jurídica, num sentido mais restrito, testemunha é a pessoa chamada em juízo, assegurando a eficácia probatória e garantindo ao processo seus efeitos, provando a existência ou a inexistência de um fato.

Na definição de Moacyr Amaral Santos,[104] "a testemunha, em suma, é uma pessoa distinta dos sujeitos processuais que, convidada na forma da lei, por ter conhecimento do fato ou ato controvertido entre as partes, depõe sobre esse em juízo, para atestar sua existência".

Moacyr Amaral Santos[105] ainda destaca cinco características primordiais do conceito de testemunha:

---

[102] CARPES, Artur. A distribuição dinâmica do ônus da prova no formalismo-valorativo. *Revista da AJURIS*, Porto Alegre, n. 104, 2006. p. 9-10.
[103] SANTOS, Moacyr Amaral. *Prova Judiciária no Cível e Comercial*. vol. III, 2. ed. São Paulo: Max Limond, 1953. p. 42.
[104] Ibidem, p. 49.
[105] Ibidem, p. 50/51.

a) *é uma pessoa física*. A testemunha narra fatos dos quais tem conhecimento "*ex propris sensibus*"; as observações da testemunha são relatadas como fatos subjetivos, isto é, que lhe são pessoais; de conseguinte, impossível e que testemunhe uma pessoa jurídica.

b) *é uma pessoa estranha ao feito*. As declarações de quem não é estranho ao feito – partes, perito, juiz, auxiliares da justiça – não constituem prova testemunhal. A estranheidade ao feito constitui, de resto, condição de imparcialidade e veracidade do testemunho.

c) *a pessoa deve saber do fato litigioso*. Se a função da testemunha é atestar quanto à existência, maneira e resultado de um fato controvertido, que interessa à demanda, decorre naturalmente a necessidade de ter ela conhecimento do fato, embora indiretamente.

d) *a pessoa deve ser chamada e depor em juízo*. Não basta saber do fato: é preciso mostrar sua ciência ao juiz. Perante ele, e no processo, é que se produz a prova.

e) *a pessoa deve ser capaz de depor*. O ônus de depor como testemunha acarreta-lhe responsabilidade. Por outro lado, é necessário que a pessoa reúna certos requisitos para que o juiz seja levado a crer em suas afirmações.

Importante verificar, que o conceito de testemunha, para Michele Taruffo, tem o mesmo sentido em todos sistemas processuais. Testemunha (*ou witness, Zeuge, témoin, testimone ou testigo*) é uma pessoa que supostamente conhece algo relevante sobre os fatos do caso e quem se interroga sob juramento, com o objetivo de permitir que expresse o que sabe sobre tais fatos.[106]

Para esse ponto, em resumo, pode-se dizer que a figura da testemunha é a pessoa física estranha ao processo que comparece perante o juiz para relatar fatos – pretéritos – de que tem conhecimento e que interessam à solução da lide.

### 2.5.2. Conceito da prova testemunhal

Prova testemunhal é aquela produzida mediante inquirição de pessoas estranhas ao processo e que por terem conhecimento dos fatos ou dos atos cuja demonstração interessa a solução da causa, serão ouvidas nessa condição.

Ou seja, a prova testemunhal é a que consiste no testemunho de terceiro, isto é, de pessoa estranha ao feito, que preencha as condições impostas pela lei. Quer dizer, a prova testemunhal é a fornecida por testemunha.

---

[106] TARUFFO, Michele. *A prova*. Trad. João Gabriel Couto. São Paulo: Marcial Pons, 2014. p. 60.

Arruda Alvim[107] explica que prova testemunhal é "aquela produzida oralmente perante o juiz através de depoimento espontâneo de pessoa estranha à lide, exceto nos casos em que a lei vede esse meio de prova".

Já para Cassio Scarpinella Bueno,[108] infere tratar-se do "meio de prova pela qual as testemunhas (que são, perante o processo, terceiros), relatam oralmente as suas lembranças sobre os fatos ocorridos à medida que sejam questionados a seu respeito".

A prova testemunhal, para Eduardo Cambi,[109] realiza-se mediante a inquirição de pessoas, as quais, por possuírem conhecimento dos acontecimentos que precisam ser elucidados judicialmente, mostram-se como fontes de prova úteis para a reconstrução dos fatos controvertidos.

Para Luiz Guilherme Marinoni,[110] "prova testemunhal é a prova que pode ser obtida através das declarações de um terceiro, estranho ao processo, a respeito das alegações de fato debatidas no processo. A prova testemunhal fornece ao juízo aversão de alguém de como se passaram determinados fatos importantes para resolução do mérito da causa".

Moacyr Amaral Santos[111] traz a conceituação de prova testemunhal a partir do reducionismo do conceito mais amplo de testemunha, ou seja, o conceito de prova testemunhal é fornecido pelo conceito de testemunha:

> Precisamente porque assim é, costuma-se, e não sem razão, extraírem-se o conceito e a definição de "prova testemunhal" do conceito e definição de "testemunha". Se testemunha é a pessoa, capaz e estranha ao feito, chamada a juízo para depor o que sabe sobre o fato litigioso, e se prova testemunhal e a fornecida por testemunha, poder-se-á, caso convenha uma definição, reunirem-se as duas noções. E ter-se-á: prova testemunhal é a fornecida por pessoa, capaz e estranha ao feito, chamada a juízo para depor o que sabe sabre o fato litigioso.

---

[107] ALVIM, Arruda. *Manual de Direito Processual Civil*, vol. 2, 6. ed. São Paulo: Revista dos Tribunais, 1997.

[108] BUENO, Cassio Scarpinella. *Curso sistematizado de Direito processual civil*: procedimento comum: ordinário e sumário. Vol. 2, tomo I. São Paulo: Saraiva, 2007. p. 293.

[109] CAMBI, Eduardo. *A prova civil*: admissibilidade e relevância. São Paulo: Revista dos Tribunais, 2006. p. 138/139.

[110] MARINONI, Luiz Guilherme; MITIDIERO, Daniel Francisco. *Código de Processo Civil*: Comentado artigo por artigo. 5. ed. rev. e atual. Revista dos Tribunais: São Paulo, 2013. p. 386.

[111] SANTOS, Moacyr Amaral. *Prova Judiciária no Cível e Comercial*. vol. III, 2. ed. São Paulo: Max Limond, 1953. p. 57/58.

Para os fins deste trabalho, adota-se uma noção ampla da prova testemunhal, como toda justa declaração a respeito dos fatos do litígio.[112]

## 2.6. Meios de valoração da prova (testemunhal) no sistema jurídico brasileiro

Além do Direito Fundamental à prova, conforme anteriormente tratado, o diploma constitucional garante a sua livre valoração e a necessidade de um modelo de convencimento judicial.

Narra a doutrina que, ao longo de todo o desenvolvimento do direito processual civil, houve uma séria de sistemas sobre o direito probatório, é dizer, variados conjuntos de normas jurídicas que regulavam em última análise, a forma de o juiz apreciar as provas e com base nelas julgar.[113]

Ainda que outros existam, predominantemente, verificam-se três os sistemas de valoração da prova: da prova legal, da livre apreciação e do livre convencimento motivado (também chamado de persuasão racional).

O sistema brasileiro adota o modelo de livre valoração motivada, que em verdade é um sistema que se localiza entre dois extremos, qual seja, o sistema legal e o sistema da livre convicção.

Por tal razão, sendo o sistema brasileiro um meio balanceado entre outros dois sistemas de convencimento, pois dentro do sistema legal, não é permitido ao juiz a interpretação da prova, ao seu aposto, sistema de livre valoração, na qual o magistrado é livre para decidir, sem necessidade de justificar sua decisão.

Nesse contexto, resume Danilo Knijnick que:

A literatura sobre esse fenômeno altamente complexo – "convencimento judicial" ou "convicção judicial" – converge, já em seu ponto de origem, para setores de pensamento relativamente conhecidos. Costuma-se, a respeito, expor os três modelos históricos atinentes à valoração das provas – íntima convicção, prova legal e persuasão racional – destacando-se, em seguida, a excelência deste último, normalmente

---

[112] TARUFFO, Michele. *As provas*. Traduzido por João Gabriel Couto. São Paulo: Marcial Pons, 2014. p. 156.
[113] BUENO, Cássio Scarpinella. *Curso sistematizado de direito processual civil*: procedimento comum: ordinário e sumário. Vol. 2, tomo I. São Paulo: Saraiva, 2007.

associado tanto a eminentes valores democráticos, como a legítimas conexões do processo com o ordenamento jurídico-constitucional.[114]

Diante de sistemas tão opostos, surge a importância de revisar os conceitos três modelos de valoração probatória.

### 2.6.1. Sistema da prova legal

O sistema da prova legal encontra-se em total desuso, vez que seu surgimento remonta as ordálias – que consistiam em um gênero probatório que buscava a revelação da verdade através das tradições particulares do povo, ou de acordo nas escolhas feitas pelos juízes e pelas partes, assim como o "juízo de Deus".

A título de conhecimento, bem como ilustração ao sistema da prova legal, cabe referir a Lei Sálica,[115] que permitia o uso da prova da água fervente, que consistia em colocar a mão em uma caldeira com água fervente, que após o término da prova era enfaixada. Passados três dias, o acusado seria absolvido no caso de não possuir marcas de queimadura, caso contrário, era condenado.

Entretanto, segundo Michele Taruffo, o meio mais comum e duradouro de ordálio foi o duelo judicial, em que as partes ou seus campeões, combatiam perante o juiz.[116]

---

[114] KNIJNIK, Danilo. *Os "standards" do convencimento judicial*: paradigmas para o seu possível controle. Disponível em <http://www.abdpc.org.br/abdpc/artigos/Danilo%20Knijnik%20-%20formatado.pdf>. Acesso em dez/2016.

[115] Calcula-se que a Lei Sálica, em sua forma originária, chamada *"Pactus legis salicae"* tenha sido produzida no período compreendido entre 481 – data em que Clóvis se torna rei dos francos sálios – e 511 – data da morte do soberano. Clóvis I converteu-se ao catolicismo em 496. A aplicação da lei sálica ocorria no âmbito da atuação dos tribunais da monarquia franca, composto por homens livres e presidido pelo conde (comes), que era assessorado pelos *rachimburgii* que eram chamados a "dizer o direito" (*legem dicere*). A seguir, os homens livres aprovavam ou não a solução proposta. Com relação ao sistema probatório, a regra era a de que aquele que alegava um fato deveria comprová-lo. A afirmação de um antrustião, espécie de vassalo do rei, merecia fé, em razão do cargo por ele ocupado. O acusado podia eximir-se da prova da água quente, trazendo testemunhas que afirmassem que ele não havia cometido o fato, e pagando uma quantia a titulo de indenização. A prova da água fervente era o único tipo de ordália prevista no *Pactus Legis Salicae*. As ordálias consistiam em um gênero probatório que buscava a revelação da verdade através de um "juízo de Deus". Neste caso específico da Lei Sálica, o acusado deveria colocar sua mão em uma caldeira com água fervente, que após o término da prova era enfaixada. Passados três dias, o acusado seria absolvido no caso de não possuir marcas de queimadura, caso contrário, era condenado. Montesquieu contextualiza a prova da água fervente com os costumes da época, dizendo: "Quem não vê que, a um povo habituado a manejar armas, a pele rude e calosa não devia receber tanta impressão da água fervendo que não desaparecesse três dias após? Se aparecesse, era sinal de que não passava de um afeminado a pessoa que se sujeitava ao experimento." <http://www.tex.pro.br/especial/podcasts/269-serie-historia-do-processo-judicial/6497-hpj-08>.

[116] TARUFFO, Michele. *Uma simples verdade:* O juiz e a construção dos Fatos. Trad. Vitor de Paula Ramos. São Paulo: Marcial Pons, 2012. p. 19.

Pelo exemplo, é possível se entender que ao juiz não era permitido à valoração da prova de acordo com sua convicção. A própria lei estabelecia o valor que deveria ser dado às provas. E, assim, o juiz era absolutamente passivo no sistema.

O sistema da prova legal, muito em razão do chamado juízo divino, desenvolveu-se fortemente em quase todos os países da antiguidade e da idade média. Predominando em todo mundo civilizado até fins do século XVIII.[117]

Nesse sentido, Moacyr Amaral Santos afirmava que o juiz tinha de manifestar a verdade que decorrer apenas do alegado e provado no sentido de que não lhe era permitido julgar senão na conformidade daquilo que foi alegado pelas partes e provado nos autos, muito embora outra seja a verdade.[118]

Ademais, ainda que a prova produzida contrariasse a verdade dos fatos, caso o legislador houvesse determinado certo valor a aquela prova, o juiz deveria julgar com base nele, desconsiderando os fatores racionais que formariam seu convencimento.

Logo, de acordo com esse modelo, o juiz deve manifestar a verdade que decorrer apenas do alegado e provado, segundo critérios prévios estabelecido em lei. Baseava-se, por sua vez, em longa e complexa lista de regras detalhadas que estabeleciam o peso de cada elemento de prova específico.

Assim, a decisão judicial era determinada pela operação e soma dos valores dos elementos de provas apresentados e com o resultado desta aplicação, ter-se-ia a decisão de causa. Sendo que um valor mais alto dos elementos determinava a verdade e um valor mais baixo, a falsidade.[119]

O sistema da prova legal, como referido, possuiu grande aceitação, muito em razão na crença de divindade. Sendo que o declínio desse modelo iniciou a partir de 1270, quando suprimiram a ordenação do Rei Luiz.

Mesmo que esse modelo seja totalmente ultrapassado para os parâmetros modernos, ainda deixa suas reminiscências nas legislações mais modernas.

---

[117] SANTOS, Moacyr Amaral. *Prova Judiciária no Cível e Comercial*.vol. I, 4. ed. São Paulo: Max Limond, 1970. p. 342.

[118] Ibidem, p. 343.

[119] TARUFFO, Michele. *A prova*. Trad. João Gabriel Couto. São Paulo: Marcial Pons, 2014. p. 132.

### 2.6.2. Sistema da livre convicção

O modelo da livre convicção remonta sua origem ao direito romano na constância do qual era dado ao juiz a mais ampla liberdade no coligir e apreciar as provas. Assim, o juiz de Roma tinha a mais ampla liberdade para buscar a verdade dos fatos, avaliando-as livremente de acordo com a sua consciência.[120]

Cabia ao magistrado avaliar e julgar apenas de acordo com a sua consciência. Tal expressão de liberdade chegava ao ponto de o magistrado sequer ser obrigado a julgar, pois se deveria agir de acordo com sua própria consciência – o fato de julgar, por si só, também era uma decisão livre do magistrado.

O sistema de livre valoração ganhou espaço no período da Revolução Francesa, foi neste período que se reagiu contra o juízo secreto e de caráter inquisitivo. Por essa razão, o juiz pós-Revolução Francesa, era um funcionário do Estado, treinado profissionalmente, sendo um julgador neutro e, portanto, já não era necessário evitar a ampla discricionariedade do juiz.

Por conseguinte, a verdade jurídica é a verdade dita pela consciência do magistrado ao decidir, independentemente da realidade dos fatos. Até mesmo porque a convicção do juiz, não necessariamente, deveria ocorrer de acordo com as provas apresentadas, mas também de seus conhecimentos e impressões pessoais.

Assim, o julgador não estava mais vinculado a regras abstratas, deveria determinar o valor probatório de cada meio de prova, mediante uma apreciação livre e discricionária.

A ideia básica era de que, conforme relata Michele Taruffo, esse tipo de julgamento conduzisse o julgador a descobrir a verdade empírica dos fatos em litígio, com base unicamente no apoio cognitivo e racional oferecido pelos elementos de prova disponível.[121]

Ainda, Michele Taruffo verificou a existência de significado positivo e negativo do sistema da livre convicção:

> Ainda que o princípio da livre valoração possua um significado claramente negativo, também tem um significado relativamente positivo. Seu significado negativo está determinado pela exclusão das regras de prova legal e pela liberdade do julgador para estabelecer o valor probatório dos meios de prova. A incerteza acerca de seu

---

[120] SANTOS, Moacyr Amaral. *Prova Judiciária no Cível e Comercial*. Vol. I, 4. ed. São Paulo: Max Limond, 1970. p. 344.

[121] TARUFFO, Michele. *A prova*. Trad. João Gabriel Couto. São Paulo: Marcial Pons, 2014. p. 133.

significado positivo deriva do fato de que o princípio não determina a forma pela qual o julgador deve proceder a sua valoração discricionário. Por conseguinte, propõe-se distintas interpretações do princípio. Por vezes, diz-se que o juiz deve seguir sua própria intuição ou "palpite" ao determinar o valor da prova, ou ainda, que deve basear-se em suas próprias sensações e crenças intimas para alcançar uma espécie de "certeza moral" sobre os fatos em litígio.[122]

Porém, tamanha liberdade tem um preço, e nem mesmo o próprio Direito Romano permaneceu inerte, apresentando diversas restrições a livre apreciação.[123] Pode-se assim dizer, que o sistema da livre valoração não teve, nem de perto, o mesmo êxito do sistema legal de prova.

### 2.6.3. Do livre convencimento (persuasão racional)

Por fim, o sistema do livre convencimento, pode-se dizer, trata de um sistema misto se comparado com os dois anteriores. Isso porque, o magistrado é livre para apreciar os elementos probatórios, mas não será livre para extrair os elementos que devem estar de acordo com as provas dos autos. Portanto, tem-se uma convicção formada pela prova, e não pela consciência.

Tem-se, no contexto, a verificação do brocardo *iudex iudicare debet secundum allegata et probata, non secundum consientiam*, com algumas ressalvas de entendimento, conforme demonstrado por Joan Picó i Junoy.[124]

Joan Picó i Junoy adverte para incorreta concepção do brocardo por diversos autores,[125] pois a ideia não é vedar os poderes instrutórios do juiz no processo, mas, tão somente, o de impedir qualquer influência do conhecimento privado do juiz sobre os fatos litigiosos.

No Brasil, diferentemente do modelo da livre convicção, é dever dos juízes julgar as demandas que lhe são impostas, conforme preceitua o art. 5º, XXXV, da Constituição Federal, quando afirma

---

[122] TARUFFO, Michele. *A prova*. Trad. João Gabriel Couto. São Paulo: Marcial Pons, 2014. p. 134.

[123] SANTOS, Moacyr Amaral. *Prova Judiciária no Cível e Comercial*. vol. I, 4. ed. São Paulo: Max Limond, 1970. p. 344-45.

[124] PICÓ I JUNOY, Joan. *O juiz e a prova*: estudo da errônea recepção do brocardo *iudex iudicare debet secundum allegata et probata, non secundum consientiam* e sua repercussão geral. Trad. Darci Guimarães Ribeiro. Porto Alegre: Livraria do Advogado, 2015.

[125] Tais como CALAMANDREI, Carnelutti e Betti. PICÓ I JUNOY, Joan. *O juiz e a prova*: estudo da errônea recepção do brocardo *iudex iudicare debet secundum allegata et probata, non secundum consientiam* e sua repercussão geral. Trad. Darci Guimarães Ribeiro. Porto Alegre: Livraria do Advogado, 2015.

que a lei não excluirá da apreciação do Poder Judiciário a lesão ou a ameaça ao direito.

Logo, onde há dever, deve haver responsabilidade. Portanto, numa sociedade contemporânea, haverá um equilíbrio, ou uma proporcionalidade, entre poder e dever. Embora muitas vezes um poder se desenvolva sem a responsabilidade correspondente, fato que por si só gera uma patologia, vez que não é possível num Estado democrático, um poder sem responsabilidade.

Para tanto, no intuito de buscar tal a proporcionalidade, a Constituição Federal, em seu art. 93, IX, afirma que todos os julgamentos do Poder Judiciário devem ser fundamentados, sob pena de nulidade. Logo, tem-se a necessidade de motivação das decisões judiciais. Ou seja, ainda que o magistrado deva formar seu convencimento (dever), também deve prestar contas à sociedade de sua decisão (responsabilidade), demonstrando os fatores que o levaram a decidir de determinada maneira.

Ademais, o artigo 371 do Código de Processo Civil, consagra o Princípio do Livre Convencimento Motivado, corolário do sistema da persuasão racional, quando expressamente afirma que o juiz apreciará o juiz apreciará a prova constante dos autos, independentemente do sujeito que a tiver promovido, e indicará na decisão as razões da formação de seu convencimento.

Ainda que a forma de decidir receba discussões doutrinárias (do livre convencimento; do sistema da prova legal e da persuasão racional), certo é o dever de publicizar suas convicções.

Dos sistemas acima tratados, Vitor de Paula Ramos identifica a superação quase total do sistema de prova legal, que condicionava a valoração do juiz através da lei, passou-se a utilizar o sistema chamado de "livre convencimento do juiz".

Continua Vitor de Paula Ramos, que doutrina, entretanto, há muito concluiu que, por óbvio, tal convencimento só é livre no sentido de que não acarreta pré-valorações legais que vinculem o juiz;[126] não é livre, por outro lado, das regras da lógica e da racionalidade em geral.[127] Afinal, de nada adiantaria produzir amplo e rico material probatório, se o juiz pudesse simplesmente desconsiderá-lo na hora

---

[126] KNIJNIK, Danilo. *A prova nos juízos cível, penal e tributário.* Rio de Janeiro: Forense, 2007. p. 15-16.
[127] Ibidem, p. 26.

de tomar a decisão (mais fácil seria, também nesse caso, a utilização da moeda).[128]

Não se pode deixar de lado, a tendência evolutiva com vistas a ampliar o papel do juiz, ainda que para tanto, seja outorgado poderes à criação de direito substancial. E, que fora dessas balizas, a fundamentação judicial será deficiente e, portanto, nula.

## 2.7. Dos problemas para valoração da prova testemunhal

A noção de prova está presente em todas as manifestações da vida humana e transcende o campo do Direito.[129]

É, para Fredie Didier Jr.,[130] dos assuntos da dogmática processual, aquele que exige do aplicador e do estudioso maior volume de noções de outras áreas do conhecimento. Pois, a interdisciplinaridade aqui, não é apenas um desejo, mas sim um dever, pois sem ela, não haverá como analisar e aplicar corretamente as regras do Direito probatório.

Em que pese a importância da testemunha como meio probatório, é sabido quão falível pode ser o testemunho humano.

Ocorre que a necessidade de recordar que a prova em juízo tem por objetivo reconstruir historicamente os fatos que interessam à causa, mas há sempre uma diferença possível entre os fatos que ocorreram, e os que efetivamente foram a reconstrução desses fatos dentro do processo.[131]

### 2.7.1. Críticas para com a prova testemunhal

Mesmo se considerados todos os meios de provas, tais não possuem a aptidão para conduzir seguramente a verdade sobre o fato ocorrido, pois mostram elementos de como, provavelmente, o fato ocorreu. Em verdade, são um indicativo, mas que não necessaria-

---

[128] TARUFFO, Michele. *Uma simples verdade*. O juiz e a construção dos Fatos. Trad. Vitor de Paula Ramos. São Paulo: Marcial Pons, 2012. p. 215-216.
[129] ECHANDIA, Hermando Devis. *Teoria general de la prueba judicial*. t. 1. 5. ed. Buenos Aires: Victor P. de Zavalia, 1981. p. 9.
[130] DIDIER Jr., Fredie; BRAGA, Paula Sarno; OLIVEIRA, Rafael. *Curso de Direito processual civil*: teoria da prova, Direito probatório, teoria do precedente, decisão judicial, coisa julgada e antecipação de tutela. 2º Volume. 7. ed. Salvador: Juspodivm, 2012. p. 17.
[131] RIBEIRO, Darci Guimarães. *Provas atípicas* Porto Alegre: Livraria do Advogado, 1998. p. 60.

mente levam à caracterização absoluta do fato, tal como efetivamente ocorreu.[132]

Aprova testemunhal, do mesmo modo, não é isenta aos erros e perigos que lhe são inerentes.

Segundo Agathe Elsa Schmidt da Silva: "Em que pese a importância da testemunha como meio probatório, é sabido quão falível pode ser o testemunho humano. É latente a necessidade de um estudo psicológico das testemunhas, para fixar o grau de credibilidade a ser conferido ao seu depoimento".[133]

Para Eduardo Cambi,[134] o sistema brasileiro, tem na prova testemunhal um meio fragilizado em relação ao sistema estadunidense.

Por outro lado, a desconfiança para com o testemunho pode ser atribuída à própria desconfiança social nas relações humanas, ora vivenciadas, mas como adiante se apresentará, a problemática da prova testemunhal também possui uma forte vinculação como a valoração e a oralidade.

Por conseguinte, em se tratando de prova testemunhal, clássicas são as críticas que envolvem o instituto, pois em razão da falibilidade humana, a testemunha está sujeita, direta ou indiretamente, às suas vivências, seus juízos de valores, entre outros.

Ainda nesse contexto, sabe-se que a prova pode variar de sujeito para sujeito, pois a análise do caso depende de quem o presenciou. Existe àqueles que possuem facilidades para lembrança de fatos em sua memória, assim como aqueles que simplesmente esquecem o fato principal.

---

[132] ARENHART, Sérgio Cruz. A *verdade e a prova no processo civil*. Disponível em <http://www.abdpc.org.br/abdpc/artigos/S%C3%A9rgio%20Cruz%20Arenhart%282%29%20-%20formatado.pdf>. Acessado em 15 de Fev. de 2015. p. 10.

[133] SILVA, Agathe Elsa Schmidt da. A problemática da prova testemunhal no processo civil. In: *Estudos Jurídicos*. São Leopoldo, v. 30, n. 80, 1997. p. 50.

[134] Sob o aspecto técnico, não e atribuída às provas testemunhais grande eficácia, porque não permitem o conhecimento direto do fato, que e conhecido, apenas, indiretamente. Enquanto na prova documental os fatos são representados em um documento escrito ou por um conjunto de símbolos (imagens, sons, sinais etc.), ficando os equívocos reduzidos à conversão do fato representado no documento representativo, nas provas testemunhais há de confiar na memória humana, que esta, com o passar do tempo, mais sujeita a distorções, além de os depoimentos das testemunhas poderem ser prejudicados por outros fatores (v.g., a testemunha que não se lembra exatamente dos fatos, que imagina coisas as quais não aconteceram, que, em razão da sua timidez, não sabe expressar-se devidamente, que mente, que tem medo ou algum receio), ficando a veracidade das suas declarações condicionadas á análise dos interesses inerentes a controvérsia judicial. (...) Ademais, como o relato das testemunhas e sintetizado pelo juiz, que dita para o escrivão, nem sempre são preservadas as palavras e as expressões utilizadas pela testemunha, prejudicando, ainda mais, o relato dos fatos.CAMBI, Eduardo. *A prova civil*: admissibilidade e relevância. São Paulo: Revista dos Tribunais, 2006. p. 138/139.

Nesse ponto, poder-se-ia dividir a problemática da prova testemunhal, de um modo geral, em duas espécies. Primeiramente, aquelas que conscientemente se apresentem em juízo com mentiras, ocorrendo na prática o crime de falso testemunho, com previsão no Código Penal, art. 342. Em segundo, pela constatação das falhas próprias do homem, seja na sua capacidade de percepção, seja na sua memória, bem como a evidente dificuldade de reprodução dos fatos vistos. Certo, portanto, é que a busca da verdade mediante a prova testemunhal, pode ser alterada por causas involuntárias e voluntárias.

Entretanto, neste trabalho não buscará a explicação para a primeira hipótese, qual seja, a da testemunha que em juízo, está disposta a mentir. A escolha se dá por questões metodológicas, pois em ambos os casos poderá haver influências externas, sem que a testemunha sequer tenha conhecimento que tal fator possa ter confundido sua percepção sobre um fato.

Não se desconhece, assim, a ocorrência da mentira em juízo, mas acredita-se que o anormal é a mentira, nunca a verdade. Enrico Altavilla enumera exemplificativamente, algumas das causas da mentira consciente do ser humano, tais como o medo, o afeto, o interesse, a vingança, a corrupção, a leviandade, a paixão e a vaidade.[135]

E, mesmo mediante a ocorrência e a verificação de uma, ou mais, dessas influências, a falsidade em juízo, tal deverá ser penalizada nos rigores da lei. Sem se esquecer, que do ponto de vista legal, a prova testemunhal possui presunção de veracidade sobre as afirmações apresentadas, uma vez que essa tem obrigação de dizer a verdade sob as penas da lei.

O homem tende a ser verdadeiro, ou seja, os seres humanos são antes verdadeiros que mentirosos. Moacyr Amaral Santos afirma que a verdade é uma tendência natural, e não o oposto; para tal afirmação, apoia-se em Malatesta, Mittermayer, Bentham, entre outros.[136] Nesse aspecto, pode-se dizer que o homem é verdadeiro por natureza.

Cabe, nesse momento, outra diferenciação necessária: sinceridade e veracidade – palavras de significados distintos, mas por diversas vezes tidas como sinônimas.

---

[135] ALTAVILLA, Enrico. *Psicologia judiciária*: o processo psicológico e a verdade judicial. 3º vol. Trad. Fernando de Miranda. São Paulo: Saraiva; Ca Editores, 1946. p. 91-92.
[136] SANTOS, Moacyr Amaral. *Prova Judiciária no Cível e Comercial*. vol. III, 2. ed. São Paulo: Max Limond, 1953. p. 59.

Por sinceridade deve-se entender como um elemento subjetivo e individual de cada ser humano. Pois a sinceridade depende da tendência psicológica de se dizer aquilo que pensa. Portanto, um homem sincero estará mais sujeito às suas influências psíquicas que o homem verídico.

Já a veracidade, está relacionada com a exatidão da correspondência como se narra a realidade.

Logo, um homem sincero pode não ser verídico. De tal modo, a testemunha que mais interessa ao processo é a testemunha que prima, assim, pela veracidade, e não pela sinceridade.

Na verificação dessa provocação – veracidade e sinceridade –, Enrico Altavilla indica que a sinceridade tem valor puramente subjetivo, enquanto a veracidade refere-se a exata correspondência com a realidade objetiva.[137]

Continua Enrico Altavilla, que um homem verídico dirá fielmente as coisas, tais como elas são, um homem franco dirá livremente as coisas tais como as sente. Isso significa que um homem sincero poderá até deformar a realidade, vez que sua opinião está impregnada de opinião.[138]

E, para tanto, é nesse aspecto que o trabalho se apoia, na falibilidade do ser humano, principalmente de sua memória, pois como humano é falível, de forma não intencional – não podendo assim, ser considerado como uma pessoa que se apoia na mentira.

Cabe assim destacar que os estudos da área da psicologia e mais contemporaneamente da neurociência vêm consolidando a ideia de que a memória humana é passível de diversas formas de contaminação – como exemplo, as falsas memórias e os desvios cognitivos –, que podem ao final, macular a visão e o entendimento cognoscitivo da testemunha.

Ainda assim, em que pese às críticas sofridas, a prova testemunhal com suas imperfeições e vicissitudes é capaz, por si só, de contaminar a mais robusta prova documental. E nesse ínterim, como todo e qualquer meio de prova que depende o ser humano, a prova testemunhal é falível. Embora apontada como o meio mais vulnerável das provas, pode-se sim, aperfeiçoá-la, primeiro conhecendo os principais pontos de falibilidade e depois, melhorá-las com técnicas

---

[137] ALTAVILLA, Enrico. *Psicologia judiciária*: o processo psicológico e a verdade judicial. 3º vol. Trad. Fernando de Miranda. São Paulo: Saraiva; Ca Editores, 1946. p. 07.
[138] Ibidem, p. 08.

de inquirição e sem esquecer, de se desenvolver uma cultura de honestidade nos depoimentos.

### 2.7.2. A percepção, fixação e a transmissão

A prova testemunhal inicia através das percepções humanas e, dessa forma, é próprio do ser humano a sua falibilidade e a influência do ambiente sobre a própria percepção. Da percepção vem a necessidade de fixá-la. Para só depois reproduzir ou transmitir o fato percebido e fixado da sua memória para um terceiro.

Logo, percebe-se, fixa-se e se transmite. Daí vem o erro e a deficiência na percepção, os distúrbios da memória e os problemas e defeitos na transmissão.

A análise dos três momentos de forma distintas se faz imprescindível na verificação e demonstração da falibilidade do ser humano nesses aspectos.

A percepção do ser humano está arraigada nas sensações, sentimentos e nas interpretações dos fenômenos apresentados pelo mundo.

No momento em que se vê um fato, vê-se com o somatório das experiências e sensações. Daí por que de duas testemunhas presenciarem o mesmo fato e possuírem dois depoimentos opostos, sem que nenhuma delas esteja falseando a verdade. Deve-se, para compreender os testemunhos, não apenas compreender o que foi dito, mas os fatores que influenciam a visão.

Somente compreendendo a influência de cada um é que se entende o testemunho desse. Ou suas ideologias através de seu depoimento. Tais ideologias, sem o devido conhecimento são de difícil acesso, pois envolve inferências psicológicas, sociais, culturais, personalidades, valores, sentimentos, ideologias, estresse, remorso, capacidade intelectual, vivências, inclinações, afetos, ódios, rancores, convicções, fanatismos, paixões. Ou seja, a percepção do fato vivenciado é única para cada ser humano.

Uma percepção é falível até dependendo do ângulo de visão em relação ao objeto ou fato observado. Logo, a soma de todos esses fatores, leva a uma fixação também viciada.

A realidade daquilo que se vê e se percebe, seja de forma objetiva ou subjetiva, é o que se sente e o que se pensa em relação ao que se observa. E dessa percepção se tem a fixação daquilo que se observa. Ou seja, após a percepção do fato, há a necessidade de fixar a percepção.

A fixação do fato dependerá, por consequência, da percepção do fato visto e armazenado em conjuntos com os demais fatores já mencionados (emoções, sentimentos, sensações, interpretações) sem que haja qualquer controle ou influência de tal situação. Ela ocorre naturalmente e não de forma intencional.

Aquilo que se fixa, ainda que da forma aproximada a realidade do fato, também está sujeita a distúrbios. Um dos distúrbios que por certo ocasionam divergência naquilo que se capta é o tempo entre o que foi armazenado até o momento em que se irá expressar, ou depor.

O tempo, ao mesmo tempo tão complexo e cheio de núncias, traz intensa influência no momento de expressar aquilo que se armazenou.

Uma memória não bem fixada ou armazenada como de menos importância, poderá não ser lembrada quando questionada. Pois, via de regra, não é dado a testemunha a possibilidade de interpretar os fatos de acordo com a vontade das partes e assim, a importância de cada fato armazenado será de mais ou de menos importância de acordo com a vontade da testemunha e não do que os agentes expressaram nos momentos como sendo a vontade das partes.

Ainda que se tenha a necessidade, de em alguns atos, a assinatura de duas testemunhas, sabe-se, que raras as vezes essas testemunhas presenciaram o ato como um todo, pois são chamadas, tão somente, no momento da assinatura. O que, por sua vez, desnatura a ideia da presença de testemunhas para o ato.

Se a visão lançada sobre ato e a fixação dessa percepção podem estar viciadas, o momento de expressá-la também.

Para que se possa aprofundar ainda mais, temos o exemplo de Edmond Locard, citado por Moacyr Amaral Santos.[139] No exemplo, Edmond Locard cita um indivíduo que caminha ao longo de uma exposição de fruta, estende o braço, pega uma laranja mete-a no bolso e continua seu caminho. Está ali um transeunte: a testemunha. Viu a sucessão de gestos. Essa percepção visual é conservada pela memória. Imediatamente vai denunciar o fato delituoso a polícia mais

---

[139] SANTOS, Moacyr Amaral. *Prova Judiciária no Cível e Comercial.* vol. III, 2. ed. São Paulo: Max Limond, 1953. p. 59 *apud* LOCARD, Edmond. *A investigação criminal e os métodos científicos.* Trad. Fernando de Miranda. 1939. p. 34 e ss.

próxima. O que viu e fixou é o que conta. Tem-se nesse caso o mínimo de presunção de erro: a percepção é simples, a fixação curta e a expressão sem dificuldade. Deve-se, contudo, considerar como absolutamente inevitável que a narração vai ser registrada sob a forma escrita e não como uma fotografia do ato. Por mais simples e nitidamente que o fato tenha sido discernido, por mais simples que seja o tempo decorrido entre a percepção e a expressão, alguns detalhes, precisamente os mais essenciais irão faltar. Não duvido que a testemunha tenha visto precisamente a mão a agarrar a laranja e metendo-a no bolso. Tenho certeza que emocionado por um espetáculo quotidiano, mas não para ele, o transeunte não terá sequer observado o larápio, e quando tiverem de dar seus sinais, os detalhes serão ao mesmo tempo deficientes e inexitosos. Viu-se o homem, mas não o observou. As suas sensações visuais, pouco distintas sobre esse ponto, não foram fixadas pela memória. O que seria no caso, então, de uma rixa que tomaram parte vinte combatentes, conhecida através de outra pessoa, a respeito da qual fosse preciso depor passado alguns meses.

Consequentemente, todo processo de cognição e percepção dos fatos envolve uma enorme gama de fatores, inclusive emocionais (incluindo todas as espécies de sentimento). Bem como, envolvendo as teorias de interpretações dos fenômenos apresentado pelo mundo, e somadas, influenciam diretamente na percepção sob o fato.

Assim, é possível verificar que duas testemunhas podem depor sobre o mesmo fato, com versões totalmente opostas, sem que uma delas esteja falseando com a verdade. E mais, ambas acreditam estarem com a razão, pois declaram – testemunham aquilo que presenciaram. Pois, o limite entre o falso e o verdadeiro, entre o erro e a verdade, entre o real e o imaginário é quase imperceptível.

E, mais, ao se tentar buscar um fato que a testemunha percebeu, mas não fixou, já não será sua memória funcionando, mas sua imaginação. E quando se entra na imaginação se terá uma falsa memória atuando, ao invés da própria percepção.

Isso significa que todo indivíduo possui uma percepção parcial em relação aos seus interesses e percepções, e mais, situações distintas chamam mais atenção de uns do que de outros, sendo que alguns fixam melhor o tipo de situação, do que outros. Logo, nessa pessoalidade de instintos, o conhecimento de algumas formas de vício da própria percepção, fixação e expressão se fazem imprescindíveis para melhor conhecimento da figura da testemunha.

### 2.7.3. Razões fisiológicas e do meio

Deveras são as razões fisiológicas e do meio que influenciam a capacidade de testemunhar. Como anteriormente referido, de forma exemplificativa, citaram as questões psicológicas, sociais, culturais, personalidade, valores, sentimentos, ideologias, estresse, remorso, capacidade intelectual, vivências, inclinações, afetos, ódios, rancores, convicções, fanatismos, paixões. Ou seja, a percepção do fato vivenciado é única para cada ser humano o que dificulta na compreensão final do dito pela testemunha.

Quase que de forma recorrente em seus trabalhos, Edgar Morin trabalha o conceito de complexidade do conhecimento, demonstrando as armadilhas do processo de percepção e a decodificação do mundo pelo ser humano.

Dentro desta complexidade, o sociólogo Edgar Morin[140] narra um acidente de trânsito, que muito bem ilustra as armadilhas do meio e da percepção:

> Há alguns meses, ao dirigir-me à *Maison des sciences de l'homme*, preparava-me para atravessar a rua d'Assas, no cruzamento Raspail/ Cherche-Midi/ Assas, quando vi um carro pequeno avançar o sinal e atropelar um motociclista que atravessava tranquilamente com o sinal verde. O carro pára, o motorista salta, precipito-me para dar meu testemunho em favor da vítima, que se levanta com dificuldade. Mas o motorista afirma que foi o motoqueiro que avançou o sinal vermelho e bateu na traseira do seu carro. Como? No que diz respeito a cor do sinal percebo que não estou mais tão seguro, mas, no que se refere ao choque, vi muito bem o Citroën bater na moto. O homem do carro mostra-me seu pára lama esquerdo ligeiramente amassado com o choque. Fora mesmo o outro que batera nele, o que não foi desmentido pelo ferido.

Nessa pequena narrativa, Edgar Morin demonstra suas questões ideológicas de percepção, pois ao racionalizar o fato considerou que o objeto menor teria sido atingido pelo maior.

Em suma, Edgar Morin viu, e se dizia testemunha, do fato de que um carro bateu numa motocicleta quando, na realidade, o motociclista, ao avançar o sinal, gerou o ocorrido.

A questão que deve ser verificada, diante dessa narrativa, é como uma pessoa pode ver exato o oposto do que realmente ocorreu. Logo, sendo afirmativa tal alegação, será possível conceber que duas testemunhas tenham assistido ao mesmo fato, mas prestem depoimentos totalmente distintos.

---

[140] MORIN, Edgar. *Para sair do século XX*. Rio de Janeiro: Nova Fronteira, 1986, p. 21.

Tais situações ocorrem em razão das diversas influências recebidas pela testemunha, seja no momento da percepção do fato, na memória e, consequentemente, na expressão daquilo que foi visto.

Assim como Edgar Morin se ateve na complexidade do conhecimento, Enrico Altavilla dedicou boa parte do seu tempo à psicologia jurídica. E em seu livro *Psicologia Jurídica*,[141] Enrico Altavilla apresenta, do ponto de vista psicológico, vários fatores que prejudicam a memorabilidade[142] de uma pessoa.

Assim, a memorabilidade de uma pessoa não é constante, variando, principalmente, em relação à distância e às condições de luz.

Um objeto bem iluminado é diferente de um objeto mal iluminado e muda ainda de acordo com a luz que sobre ele incide natural ou artificial. A intervenção e ocorrência de sombras e distorções, alerta Enrico Altavilla cria perturbações no indivíduo que presencia.[143]

A emoção, mais precisamente as paixões – no sentido ordinário da palavra, o amor e o ódio, o ciúme, a cólera, a inveja, podem trair sentimentos ocultados, falseando a sinceridade, e incitando a juízos parciais e a tratar determinada situação de forma injusta.[144] Um homem dominado pela raiva fornecerá informações distintas daquele que tomado pela passividade no momento da percepção de um fato.

O tempo também é tema de preocupação constante pela vital importância em relação à memória e consequentemente na busca da reprodução dos fatos pelas testemunhas. Ensina Jürgen Habermas[145] que, desde o século XVIII, tem-se na cultura ocidental uma nova consciência sobre o tempo, uma vez que "o tempo é tido como fonte para a solução de problemas, escassa e orientada para futuro".

Assim, como se trata o tema cultura e direitos fundamentais, o tempo também possui multiplicidade de entendimentos e conceitos. Gerald James Whitrow[146] diz que "a vida, a morte e o tempo combinam-se de uma forma intrincada e intrigante, difícil de ser esclarecida, mas reconhecida em todas as grandes filosofias e religiões".

---

[141] ALTAVILLA, Enrico. *Psicologia judiciária*: o processo psicológico e a verdade judicial. 3º vol. Trad. Fernando de Miranda. São Paulo: Saraiva; Ca Editores, 1946.

[142] Memorabilidade é a capacidade do indivíduo para recordar e testemunhar com exatidão. Ibidem, p. 6.

[143] Idem.

[144] Ibidem, p. 9.

[145] HABERMAS, Jürgen. *Diagnósticos do tempo – seis ensaios*. Rio de Janeiro: Tempo Brasileiro, 2005. p. 9.

[146] WHITROW, G. J. *O que é o tempo? Uma visão clássica sobre a natureza do tempo*. Tradução Maria Ignez Duque Estrada. Rio de Janeiro, Jorge Zahar, 2005, p. 9.

Essa estreita é a relação entre o tempo e o direito, na medida em que "o tempo cria e mata o direito e o direito produz a duração do tempo".[147]

Esse controverso aspecto do tempo também reflete na prova testemunhal. O tempo, concebido como a distância temporal entre a percepção de um fato, pode ser tanto prejudicial, como benéfica, de acordo com a individualidade de cada ser humano.

Via de regra, o tempo tende a apagar os detalhes da memória das pessoas, torno-a confusa ao ponto de confundir e até tornar o sujeito incapaz de descrever a situação presenciada. Acrescenta-se, que quando da memória de um fato presenciado só resta o núcleo central, o preenchimento (revestimento mental) se dará de forma distinta em cada indivíduo de acordo com a sua capacidade de interferências associativas ao fato, podendo ocorrer em erros, exatamente em razão dessas sistematizações psicológicas.[148]

Ao passo que, é possível uma percepção se aperfeiçoar de acordo com a intervenção de processos lógicos, que levam a retificar ou completar uma percepção errônea e lacunar. Assim, uma percepção imediata, gravada num momento de emoção poderá ser aperfeiçoada quando o trabalho psíquico for realizado em condições normais.

O tempo também se mostra digno de análise para a noção de duração de certo evento. O cálculo do tempo em memória tem ligação com a evocação da recordação. Dois eventos de tempo de duração idênticos podem, para as testemunhas, parecer tempos completamente distintos.

Essa noção de tempo quando da recordação tem sua razão. A testemunha que analise um evento único e simples, sem muitos detalhes, será diferente se o ocorrido deu-se na mesma condição temporal, mas que os detalhes foram muitos e intensos. A memória, ao buscar a recordação do evento, fará uma sucessão de fatos ocorridos, e a percepção do tempo do fato ocorrido será maior do que a vista no primeiro exemplo.

Interessante, que se têm influências na percepção (influência da luz ou do ângulo de visão, por exemplo), na memória (influência do tempo, por exemplo) e, por consequência, ter-se-á influência no momento da transmissão.

---

[147] PASTOR, Daniel R. *El Plazo Razonable en el Proceso del Estado de Derecho*, 2002, p. 78.

[148] ALTAVILLA, Enrico. *Psicologia judiciária*: o processo psicológico e a verdade judicial. 3º vol. Trad. Fernando de Miranda. São Paulo: Saraiva; Ca Editores, 1946. p. 22.

Um dos problemas tidos no momento da narração do fato pela testemunha. A testemunha procura ser acreditada, e para obter tal resultado, procura ser precisa e detalhada. Sucede a essa ideia o fato de que por tal esforço, será levada inconscientemente, a ser o mais inexata possível. Pois, se por um lado têm-se recordações residuais consolidadas, o cérebro substituirá aquilo que não bem se recorda, por produtos espúrios, substituindo aquilo que se havia percepcionado.[149]

### 2.7.4. Falsas memórias

A memória é uma das faculdades cognitivas mais importantes no homem, e a existência é totalmente dependente da mesma. Todavia, o fenômeno da distorção e falsificação da memória vem interessando pesquisadores desde os primórdios do século XX.

A ideia da falsa memória consiste em recordar situações que, na verdade, nunca ocorreram. O fator para uma interpretação errada, ou uma falsa percepção, tem ligação direta com a percepção dos fatos e seu armazenamento.

As falsas memórias podem ser formadas de maneira natural, quando da falha no processo de interpretação de uma informação (percepção) ou ainda por uma falsa sensação externa, acidental ou deliberada, apresentada ao indivíduo.[150] Nesse sentido, Lílian Milnilsky Stein, Giovanni Kuckartz Pergher explicam que "as falsas memórias são geradas espontaneamente, como resultado do processo normal de compreensão, ou seja, fruto de processos de distorções mnemônicas endógenas".[151]

Conforme Elisabeth Loftus, "as falsas lembranças são elaboradas pela combinação de lembranças verdadeiras e de sugestões vindas de outras pessoas. Durante o processo, os participantes ficam suscetíveis a esquecer da fonte da informação. É um exemplo clássico de confusão de fonte, em que conteúdo e fonte estão dissociados".[152]

---

[149] ALTAVILLA, Enrico. *Psicologia judiciária*: o processo psicológico e a verdade judicial. 3º vol. Trad. Fernando de Miranda. São Paulo: Saraiva; Ca Editores, 1946. p. 24.

[150] BARBOSA, Cláudia. *Estudo experimental sobre emoção e falsas memórias*. Porto Alegre: PUCRS, 2002. p. 27.

[151] STEIN, Lílian Milnilsky; PERGHER, Giovanni Kuckartz. Criando falsas memórias em adultos por meio de palavras associadas, In: *Psicologia*: Reflexão e Crítica, 2001, p. 354.

[152] LOFTUS, Elizabeth. As falsas lembranças. In: *Viver mente & cérebro*. p. 93.

A percepção, como anteriormente vista, deixa lacunas, adquirindo maior relevo às imagens mais emocionantes e à memória daquilo que melhor se compreende ou que é familiar. As lacunas serão preenchidas no momento em que for necessário expressar a memória guardada de uma percepção e, nesse momento, tais preenchimentos podem ser alvos de criações fantasiosas criadas pela mente, gerando ao fim e ao cabo, a falsa memória.

### 2.7.5. Desvios cognitivos

O estudo das predisposições automáticas no cérebro tem surgimento nos estudos da neurociência estadunidense. Entre os estudiosos, podem-se citar alguns que se destacaram nesta pesquisa, tais como Daniel Kahneman, Cass Sustein, Tali Sharot.

Antes de dar sequência ao estudo, ressalta-se a importância da compreensão do significado literal da palavra *"viés"*, utilizada como tradução da expressão *"bias"*. Desse modo, deve-se entender a palavra *"viés"* como a representação de uma tendência ou propensão desvirtuada ou mesmo preconceituosa de observar ou de agir.

Ultrapassada a questão da nomenclatura, para que se busque uma visão clara da relevância e seriedade do tema, Daniel Kahneman recebeu o Prêmio Nobel de Economia exatamente pondo em xeque a ideia de que a tomada de decisões seria estritamente racional.

Daniel Kahneman, no livro *Rápido e Devagar: duas formas de pensar*,[153] obviamente, não discute que o homem é um ser dotado de razão, capaz de realizar escolhas de forma objetiva e que, quando oferecidas várias escolhas possíveis, indicará a que lhe parece mais vantajosa. Mas, aponta que tal racionalismo poderá estar equivocado, exatamente pelo fato de haver os entendimentos enviesados da realidade.

Partindo dessa premissa, é que adentra nos vieses. Pois, busca-se demonstrar, cientificamente, que o homem, apesar de racional, muitas vezes compreende e avalia as questões cotidianas de forma enviesada, gerando equívocos e riscos nas tomadas de decisões, demonstrando assim, que muitas vezes se tem a realidade dos fatos de forma distorcida.

---

[153] KAHNEMAN, Daniel. *Rápido e devagar*: duas formas de pensar. Rio de Janeiro: Objetiva. 2012.

E, assim, ficará claro que pensamentos, ou predisposições enviesadas, levam a coletividade, muitas vezes, a decisões equivocadas.

Ganhador do prêmio Nobel de Economia de 2002, Daniel Kahneman, com a ideia de "economia experimental", passou mais de 30 anos estudando e analisando como as pessoas tomam decisões e concluiu que fatores inconscientes nos induzem a perceber as informações que nos são dadas de maneira parcial ou errônea. Essas distorções da realidade foram chamadas pelos estudiosos de *vieses cognitivos*.

Assim, as pessoas têm percepções distorcidas de como as coisas realmente são, tanto por causa de falsas memórias, como pelo fato de o cérebro ser contaminado por expectativas e percepções irrealistas. Chegando ao ponto de concluir que as falhas nos processos decisórios são regra, e não exceção.

Tal problemática reside no fato de que, muitas vezes, um pensamento enviesado leva a escolhas erradas, não só nos processos decisórios como estudado por Kahneman, mas em toda e qualquer área do conhecimento humano em que temos opção de escolha.

Ademais, entre os diversos estudos sobre o tema, verifica-se a análise de diversos desvios cognitivos, tais como: viés de confirmação; viés do otimismo exagerado; viés da aversão à perda; viés do *status quo*; viés do efeito manada; viés da contabilidade mental; viés do efeito de ancoragem, entre tantos outros.

Deve-se, assim, entender a posição unânime dos estudiosos dessa questão, em afirmar de que a maioria das pessoas tem pelo menos um dos vieses atuando com alta intensidade em sua personalidade.

Usando como exemplo, o viés do otimismo excessivo, numa forma extremamente simplificada, pode-se entender esse como o modo que certas pessoas agem, superestimando eventos futuros positivos e subestimando a possibilidade de vivenciar eventos negativos futuros.[154] Ou seja, as pessoas com essa propensão possuem uma visão "irrealista" em relação aos eventos futuros.

Na definição do professor Dr. Juarez Freitas:

> *O viés do otimismo excessivo*: a confiança extremada guarda conexão com previsões exageradamente seguras (e negligentes), ligadas a erros nem sempre inocentes. A solução, aqui, é adotar apenas dose moderada de otimismo, porque o excesso de confiança distorce os julgamentos e afugenta os cuidados inerentes à prevenção

---

[154] Sharot, T., Korn, C., & Dolan, R. (2011). *How unrealistic optimism is maintained in the face of reality*. Nature Neuroscience.

e à precaução. Além disso, o melhor é se abster de julgar até recuperar o estado emocional equilibrado.[155]

Diante dessa realidade, o problema não reside no fato de que apenas uma pequena parcela da população se dá conta disso, mas também pelo fato de que as pessoas que devem tomar decisões importantes no mundo que se vive, também negligenciam tal possibilidade, não avaliando, portanto, eventos incertos de acordo com as leis de probabilidade.

### 2.7.6. A mídia e a opinião pública

Em que pese existam inúmeros fatores de influências sobre a própria percepção, memória e descrição do fato para, ainda que de forma exemplificativa, fechar esse rol, traz-se a influência da mídia e da opinião pública sobre a testemunha.

Não se pode afastar o fato de as notícias em jornais, rádios, televisão e a própria opinião pública, após o acontecimento do fato percebido, ainda que sem qualquer contorno jurídico, é capaz de influenciar as pessoas envolvidas no cenário devido às cargas emocionas envolvidas.

As mídias sociais, ainda que divulguem seu compromisso com a verdade, não possuem nenhuma necessidade de imparcialidade, nem com a linguagem jurídica adequada ao caso, fato, que nos dias de hoje, nas famílias modernas, apresenta uma ideia de familiarização da pessoa para com o processo.

Essa familiarização e aproximação da sociedade ao processo deveriam ser extremamente benéficas, porém, a passionalidade – já que as versões do ocorrido são postas sem qualquer imparcialidade, gera um imenso grau de contaminação.

O cenário imposto pela mídia pode confundir a testemunha sobre aquilo que efetivamente percebeu no momento do ocorrido.

Esse excesso de informação parcial, passional, veiculada pelas mídias e pelo próprio sentimento da sociedade é capaz de criar confusões mentais na testemunha, em relação daquilo que realmente percebeu e guardou com as novas informações veiculadas.

O fator mídia poderá tanto ser positivo como negativo, do mesmo modo como fora tratado o fator tempo, já que a memória da

---

[155] FREITAS, Juarez. A hermenêutica jurídica e a ciência do cérebro: como lidar com os automatismos mentais. *Revista da AJURIS* – v. 40 – n. 130 – Junho/2013. p. 236.

testemunha poderá ser preenchida com raciocínios e inferências lógicos, que não obteve no momento, mas que em razão da reiteração do fato por outros meios poderá vir a colaborar com o testemunho.

## 2.8. Das regras de exclusão no sistema brasileiro

As chamadas regras de exclusão, no que se refere à nomenclatura, parecem não ter grande aceite em grande parte da doutrina. A utilização mais comum é das chamadas "provas ilícitas".

Neste trabalho, assim como em modernas doutrinas[156] sobre o direito probatório, adota-se a expressão "regras de exclusão" quando no processo, houver a vedação de provas obtidas de forma ilícita.

As regras de exclusão advêm da possibilidade ou não do aproveitamento das provas ilegalmente – ou seja, aquelas obtidas com infringência às normas legais e, assim, devendo incidir as regras de exclusão dessas.

A Constituição brasileira optou por regular a prova ilícita, afirmando ser "inadmissíveis no processo as provas obtidas por meios ilícitos" (art. 5º, LVI, da Constituição Federal). Estabelece, desse modo, que toda prova, via de regra, é lícita, com exceção – então, daquelas obtidas por meio ilícito.

O artigo constitucional deve ainda ser analisado em conjunto com outras garantias constitucionais, capazes de limitar o direito à prova, também presentes no artigo 5º da Constituição Federal, como por exemplo, direito à intimidade;[157] inviolabilidade do domicílio[158] e inviolabilidade do sigilo da correspondência e das telecomunicações.[159]

Nesse sentido, sendo a prova lícita a regra e a prova ilícita a exceção, deve-se entender assim, primeiro quando uma prova é admissível para depois aplicar as regras de exclusão.

---

[156] TESHEINER, José Maria Rosa. Regras de exclusão no Direito probatório norte-americano. *Civil Procedure Review*, v.5, n.3: 75-100, sept.-dec., 2014. MARINONI, Luiz Guilherme. ARENHART, Sérgio Cruz. *Prova*. São Paulo: Revista dos Tribunais, 2015.

[157] X – são invioláveis a intimidade, a vida privada, a honra e a imagem das pessoas, assegurado o direito a indenização pelo dano material ou moral decorrente de sua violação;

[158] XI – a casa é asilo inviolável do indivíduo, ninguém nela podendo penetrar sem consentimento do morador, salvo em caso de flagrante delito ou desastre, ou para prestar socorro, ou, durante o dia, por determinação judicial;

[159] XII – é inviolável o sigilo da correspondência e das comunicações telegráficas, de dados e das comunicações telefônicas, salvo, no último caso, por ordem judicial, nas hipóteses e na forma que a lei estabelecer para fins de investigação criminal ou instrução processual penal;

E para tanto, fez-se referência ao posicionamento de Luiz Guilherme Marinoni, afirmando ser admissível quando a alegação de fato for controversa, pertinente e relevante. E complementa, a alegação é controversa quando pende nos autos duas ou mais versões a seu respeito. É pertinente quando diz respeito ao mérito da causa. E é relevante quando o seu esclarecimento é capaz de levar à verdade. Reunindo a alegação de fato todas essas qualidades objetivas, o juiz tem o dever de admitir a produção da prova.[160]

Nesse sentido, importa destacar, conforme afirma Michele Taruffo, que todos os sistemas processuais incluem normas relativas à admissibilidade da prova, mesmo que em geral se reconheça que no âmbito da prova liga-se mais à lógica e à epistemologia do propriamente à regulação jurídica.[161]

E continua, quanto às normas de admissibilidade da prova, estas variam de acordo com as diferentes concepções acerca da natureza da prova e em função dos contextos processuais. Variam também, com relação aos diferentes enfoques dado à proteção de valores ou interesses que podem colidir com normas de Direito fundamental de cada nação.

Geralmente, tem-se que tais normas que visam a proteger outros valores e contextos processuais, são construídas como regras de exclusão, pois a real função desta é determinar quando um elemento de prova, ainda que relevante, não deva ser admitido.

Ocorre, portanto, que mesmo a prova admissível pode ser excluída da apreciação e valoração, se entendida como obtida por meio ilícito, operando assim, as regras de exclusão.

Fator que desde já trará um embate com a verdade, independente da corrente adotada. Pois, uma vez que a prova, mesmo que conduza a verdade dos fatos e gere por si só uma sentença justa se obtida por meio ilícito, deverá ser desentranhada dos autos, como se nunca houvesse existido.

A repulsa a tal prova, mediante uso das regras de exclusão, pode não beneficiar o ordenamento jurídico na busca da verdade, ao ponto que a solução do magistrado poderá não corresponder a exatamente àquilo que aconteceu, justamente pela falta de acesso a

---

[160] SARLET, Ingo Wolfgang; MARINONI, Luiz Guilherme; MITIDIERO, Daniel. *Curso de direito constitucional*. 4. ed. ampl., incluindo novo capítulo sobre princípios fundamentais. São Paulo: Saraiva, 2015. p. 769.

[161] TARUFFO, Michele. *A prova*. Trad. João Gabriel Couto. São Paulo: Marcial Pons, 2014. p. 38.

uma determinada prova, ainda que admissível, mas obtida de forma ilícita.

Nesse exato ponto, poder-se-ia dizer, haver duas violações ao ordenamento jurídico: primeiramente, aquela praticada pela parte que obteve uma prova de forma ilegal; em segundo lugar, a conduta ilegal cometida pela parte, que em razão das regras de exclusão, vê-se beneficiada pelo resultado, vez que sua atitude não gerou efeitos no mundo jurídico.

Questão essa já observada por José Maria Tesheiner, ao afirmar que o tribunal, consciente e deliberadamente, afirma a inexistência de um fato, sabendo que ele não ocorreu. Admite como verdade algo que sabe não ser verdadeiro. Resta claro, pois, que a prova judicial não se destina à descoberta da verdade. O processo judicial não constitui um método de investigação da verdade, mas instrumento para a produção de uma decisão jurídica.[162]

Com isso não se quer dizer que a verdade seja irrelevante para o Direito e para o processo. Busca-se a verdade, mas com as limitações impostas pelo Direito, sabendo-se, pois, que o enunciado de fato declarado pode não corresponder ao evento que efetivamente ocorreu.

Desse modo, há no processo, a vedação, de provas obtidas ilicitamente, nos termos do que preceitua a Constituição brasileira, porém esse não é o único limitador. Há muitos outros, mas restringir-se-á a alguns específicos à prova testemunhal.

### 2.8.1. Das regras de exclusão específicas da prova testemunhal

A prova testemunhal, além das regras constitucionais, possui regras de exclusão específicas.

Tais regras têm por objetivo impedir a admissão de certos elementos de prova, mediante o uso de argumentos baseado em diversos fatores. Por vezes, tratam de particularidades da pessoa envolvida e, por outras, em razão da matéria específica a ser provada.

Dentre as regras de exclusão pertinentes à prova testemunhal no sistema processual brasileiro, têm-se critérios subjetivos das testemunhas e critérios objetivos, tais como as figuras dos cônjuges, companheiros e parentes. Há também a verificação quanto ao sigilo

---

[162] TESHEINER, José Maria Rosa. Regras de exclusão no Direito probatório norte-americano. *Civil Procedure Review*, v.5, n.3: 75-100, set.-dec., 2014.

profissional, limitações de exclusão de dever de depor por fato específico e a exclusão do dever de depor do informante.

### 2.8.1.1. Das regras de exclusão com base em critérios subjetivos

Em busca de uma prova o mais verídica possível, é necessário que alguns critérios sejam estabelecidos no que tange à pessoa da testemunha.

Para tanto, o Novo Código de Processo Civil prevê a possibilidade da oitiva de testemunhas que, na legislação anterior, eram, em princípio, deixadas de lado, como por exemplo, os menores, os impedidos e os suspeitos. Além disso, a Lei 13.146 de 2016, que altera o Código Civil, acrescenta no artigo 228, § 2º, a possibilidade de a pessoa com deficiência prestar o seu testemunho, o que antes não era admitido.

Em relação ao depoimento do menor, embora o artigo 447, § 1º, inciso III, do Novo Código de Processo Civil considere incapazes para depor os menores de 16 anos, o grande avanço se encontra nos §§ 4º e 5º do mesmo artigo que autorizam o magistrado a ouvi-los, independentemente de compromisso e quando entender necessário. Aqui, vale a lembrança das ações que envolvem direito de família, invariavelmente indisponível, onde o depoimento do incapaz por muitas vezes se faz imperioso para o deslinde da causa.

Novamente fazendo menção ao Estatuto do Deficiente, isto é, a Lei 13.146/2016, que entrou em vigor no dia 2 de janeiro de 2016, causa dúvida a antinomia existente em relação ao Novo Código de Processo Civil. Isto porque o artigo 447, § 1º, do diploma processual considera como incapaz o interdito por enfermidade ou deficiência mental e também o cego e o surdo. De outro lado, a recente legislação que protege os deficientes revoga praticamente a totalidade do artigo 3º do Código Civil, que previa a incapacidade destas figuras, considerando-os agora como relativamente incapazes, inclusive com a possibilidade de testemunharem, conforme acima referido. O conflito normativo permanece até a entrada em vigor do novo Código de Processo Civil.[163]

---

[163] Também foram revogados pelo Estatuto do Deficiente os incisos II e III do artigo 228 do Código Civil, isto é, "II – aqueles que, por enfermidade ou retardamento mental, não tiverem discernimento para a prática dos atos da vida civil; III – os cegos e surdos, quando a ciência do fato que se quer provar dependa dos sentidos que lhes faltam".

Além dos menores, também aqueles que são impedidos de testemunhar[164] recebem uma flexibilização. O artigo 447 do Novo Código de Processo Civil acrescenta ao artigo 228 do Código Civil a possibilidade de depoimento do cônjuge, companheiro, ascendente, descendente e colateral (até terceiro grau, com consanguinidade ou afinidade) nos casos em que se exigir o interesse público ou que verse sobre o estado da pessoa, não existindo nenhum outro modo de prova que o substitua.

Também estão impedidos de depor como testemunha aqueles que são parte na causa e as pessoas que diretamente os assistam.

Neste caso, a crítica da doutrina se dá pelo fato de a lei presumir que, todos aqueles que de alguma forma prestaram assistência a uma das partes, possam alterar a verdade dos fatos. Luiz Guilherme Marinoni e Sérgio Cruz Arenhart esclarecem que "só não pode ser testemunha a pessoa que, tendo prestado assistência à parte, deva depor sobre fato que essa praticou em virtude de sua exclusiva orientação".[165]

Por fim, são consideradas suspeitas para depor o inimigo da parte ou o seu amigo íntimo, e aquele que tiver interesse no litígio.

Nestes casos, assim como dos impedidos, tais pessoas serão consideradas informantes, cabendo ao juiz, nos termos do § 5º do artigo 447 do Novo Código de Processo Civil, atribuir aos depoimentos o valor que eles possam merecer.

### 2.8.1.2. Das regras de exclusão com base em critérios objetivos

Os critérios objetivos, previstos no artigo 448 do Novo Código de Processo Civil, dispõem que a testemunha não é obrigada a depor sobre fatos que lhe acarretem grave dano, bem como ao seu cônjuge ou companheiro e aos seus parentes consanguíneos ou afins, em linha reta ou colateral, até o terceiro grau e, ainda, a cujo respeito, por estado ou profissão, deva guardar sigilo.

---

[164] § 2º São impedidos: I – o cônjuge, o companheiro, o ascendente e o descendente em qualquer grau e o colateral, até o terceiro grau, de alguma das partes, por consanguinidade ou afinidade, salvo se o exigir o interesse público ou, tratando-se de causa relativa ao estado da pessoa, não se puder obter de outro modo a prova que o juiz repute necessária ao julgamento do mérito; II – o que é parte na causa; III – o que intervém em nome de uma parte, como o tutor, o representante legal da pessoa jurídica, o juiz, o advogado e outros que assistam ou tenham assistido as partes.

[165] MARINONI, Luiz Guilherme; ARENHART, Sérgio Cruz. *Prova e convicção: de acordo com o CPC de 2015*. 3. ed. rev. atual. e ampl. São Paulo: Revista dos Tribunais, 2015, p. 811.

O primeiro inciso, que trata do depoimento do cônjuge, companheiro e parentes, prevê claramente os casos em que a escusa será permitida, isto é, em que existir grave perigo de dano (esse, podendo ser de cunho moral ou meramente patrimonial). O dispositivo é autoexplicativo, vez que é evidente que não se poderia exigir de uma parte que, em seu depoimento, prejudique de qualquer forma as pessoas ali elencadas.

O inciso segundo, por sua vez, prevê a possibilidade de certos profissionais deixarem de prestar depoimento, quando a natureza de sua função exija a preservação dos fatos nela tratados. Como forma de exemplificar, as profissões mais comuns são o médico e o advogado.

Se o sigilo profissional não existisse, é certo que seria muito difícil estabelecer a relação de confiança entre as partes, necessária para a evolução da própria função. Além disso, acrescenta-se que o Código Penal tipifica, em seu artigo 154,[166] a violação do segredo profissional como crime contra a inviolabilidade dos segredos.

De qualquer modo, pode o julgador entender pela necessidade do depoimento, caso em que, por evidente, haverá justa causa para não incidência do crime previsto na legislação penal. Outra forma de flexibilização do sigilo profissional se dá quando a revelação do segredo tiver por justificativa a preservação do interesse público.

---

[166] Art. 154. Revelar alguém, sem justa causa, segredo, de que tem ciência em razão de função, ministério, ofício ou profissão, e cuja revelação possa produzir dano a outrem: Pena – detenção, de três meses a um ano, ou multa. Parágrafo único – Somente se procede mediante representação.

# 3. Do sistema probatório no direito federal estadunidense

## 3.1. Dos sistemas jurídicos do Direito contemporâneo

Ao longo dos tempos, por questões didáticas e metodológicas, os diversos sistemas jurídicos adotados no mundo foram sendo agrupados em *"famílias"* conforme suas características, similitudes e distinções.

Sendo comum identificar o Direito brasileiro como pertencente ao sistema de *Civil Law*, em contraposição aos sistemas de *Common Law*. Tal aproximação é lapidada por René David[167] ao distinguir diversos sistemas jurídicos em *"famílias"*, sendo essa a forma mais clássica de apontar os ordenamentos de países distintos, ressaltando o caráter didático dessa denominação (*família*).

Ocorre que tal classificação não é pacífica. John Merryman,[168] por exemplo, denomina sistemas ou famílias apenas como espécies dentro de um gênero mais abrangente que é a tradição, como o conjunto de elementos comuns de ordenamentos jurídicos de países diversos – ou, aí sim, de sistemas – elementos esses que podem ser de origem, de cultura, de fontes, de princípios.[169]

Também contrário ao agrupamento dos sistemas jurídicos em *"famílias"* Esin Örücü[170] afirma que "os estudiosos não conseguem chegar a um acordo sobre o conceito de família é fundamental e

---

[167] DAVID, René. *Os grandes sistemas do Direito contemporâneo.* trad. Hermínio A. Carvalho. 5. ed. São Paulo: Martins Fontes. 2014.

[168] MERRYMAN, John Henry. *La tradicion juridica romano-canonica.* México: Fondo de Cultura Económica, 2000, p. 15-17.

[169] GOMES, Camilla de Magalhães. *A prova no processo coletivo – teoria dos modelos da prova aplicada ao processo coletivo.* UFES, 2014. Programa de Pós-Graduação em Direito do Centro de Ciências Jurídicas e Econômicas da Universidade Federal do Espírito Santo. 2009. p. 31.

[170] ÖRÜCÜ, Esin. *A general view of "legal families" and of "mixing systems".* Comparative law – a handbook. Coord. de Esin Örücü e David Nelken. Portland: Hart Publishing, 2007, p. 171.

científico ou teórica e descritivamente inútil. Aqueles que usam o conceito nem sequer concordam com os critérios de classificação e agrupamento".

Como visto, ainda que tal divisão entre o *Civil Law* em contraposição ao sistema de *Common Law*, não seja unânime na doutrina, adere-se à partição em *"famílias"* com base em René David e nesse diapasão, entendendo pelo *Civil Law*, no qual se inclui o Direito brasileiro; o sistema do *Common Law*, que engloba, entre outros, o sistema norte-americano.

Todavia, tal distinção não se faz suficiente ao presente trabalho, uma vez que não há a pretensão de esgotar a matéria em toda a verticalidade que comporta, pois tem como corte metodológico, a particularização do *Civil Law*, no sentido do estudo do Direito processual brasileiro em comparação com o estudo do Direito federal norte-americano (*Federal Rules*), integrante do *Common Law*.[171]

Assim sendo, buscam-se no processo civil brasileiro e no Direito federal norte-americano elementos que lhes são mais específicos, que lhes dão forma e lhes contrastam ou lhes aproximam, como uma maneira de fixar as premissas necessárias para o desenvolvimento do tema proposto. Pois, o abismo existente entre ambos os sistemas no que se refere ao Direito probatório é consequência das diferenças existentes entre o Direito, o processo civil e o sistema político, social e econômico do Brasil e dos Estados Unidos.

### 3.2. Da necessária introdução ao sistema do *Common Law*

Salvo esporádicas publicações – porém em forte ascendência voltada ao Direito norte-americano –, a doutrina brasileira possui claro apego à doutrina italiana, principalmente a mais antiga, como fonte primordial de informações. Tal concepção advém de longa data e influência da escola paulista de processo civil tem sua razão de ser.

Certo que o estudo do direito comparado possui graves dificuldades, mas, ainda maior, quando o estudo se dá entre famílias jurídicas distintas. Dificuldades tais, que serão vistas pormenorizadas no próximo capítulo.

---

[171] Tal distinção se faz necessária, uma vez que, por exemplo, o estado da Lousina, nos Estados Unidos, tem como base a *Civil Law*. Deste modo, o presente trabalho, se desenvolve com base no Direito Federal norte-americano e suas *federal rules*.

Embora existam tais obstáculos, importa frisar que nos últimos tempos tem-se notado uma forte aproximação entre as grandes famílias (*Civil Law* e *Common Law*). Pode-se dizer que se está numa tendência evolutiva de convergência[172] entre *Civil Law* e *Common Law*. E, embora pertençam a um mesmo grande grupo ocidental (em distinção aos grupos socialistas), são sistemas jurídicos que derivam de circunstâncias culturais e políticas totalmente diversas, dando origem a institutos, tradições jurídicas e conceitos próprios a cada um dos dois sistemas.[173]

Essa busca comparativa entre *Civil Law e o Common Law*, de acordo com John Merrymam, é mais do que uma análise de sistemas jurídicos, em verdade, está se realizando uma comparação de tradições jurídicas. Isso porque a tradição jurídica consiste numa perspectiva mais ampla sobre o fenômeno, uma vez que, a tradição legal, não implica no conjunto de regras jurídicas acerca dos principais institutos jurídicos de determinado ordenamento.[174]

Assim, ainda que de forma abreviada devem-se compreender os contornos históricos de como os Estados Unidos da América adotaram o sistema do *Common Law*.[175]

A Inglaterra, na condição de colonizadora dos Estados Unidos da América,[176] teve grande influência em questões econômicas, políticas, sociais e também na área jurídica. Portanto, o *Common Law* estadunidense tem suas raízes no Direito Inglês, mantendo-o como um todo (no sentido amplo do sistema), mas optou, ao longo dos tempos, por inserir as adaptações culturais necessárias. Assim, o *Common Law* é o sistema jurídico predominante[177] nos Estados Unidos.

---

[172] CAPPELETTI, Mauro. *Juízes Legisladores?* Trad. Carlos Aberto Alvaro de Oliveira. Porto Alegre: Sergio Antonio Fabris, 1999. p. 111.

[173] MARINONI, Luiz Guilherme. *Precedentes Obrigatórios*. São Paulo: Revista dos Tribunais, 2010. p. 23.

[174] MERRYMAN, John Henry. *La tradicion juridica romano-canonica*. México: Fondo de Cultura Económica, 2000, p. 15-17.

[175] Ressalva seja feita, que apenas o estado da Louisiana não adota do sistema do *Common Law* nos Estados Unidos.

[176] Os primeiros núcleos de população inglesa no território dos Estados Unidos datam somente do século XVII: os ingleses criaram colônias na Virgínia (1607), em Plymouth (1620) em Massachusetts (1630), em Maryland (1632); a colônia de Nova York, fundada pelos holandeses, torna-se inglesa em 1664; a colônia da Pensilvânia, originariamente sueca, torna-se também inglesa em 1681. Treze colônias estavam assim constituídas em 1722. DAVID, René. *Os grandes sistemas do Direito contemporâneo*. Trad. Hermínio A. Carvalho. 5. ed. São Paulo: Martins Fontes. 2014. p. 450.

[177] Usa-se o termo "predominante", uma vez que no estado da Louisiana o Sistema adotado é o da *Civil Law*.

A aplicação do Direito Inglês nas colônias dos Estados Unidos deu-se, conforme René David,[178] pela primeira vez, com o julgamento do *Calvin's Case*, datado de 1608, quando se determinou que as colônias se submeteriam ao sistema jurídico em vigor na Inglaterra. Nesse sentido, René Davi traz a seguinte contribuição:

> A que direito estão submetidas estas colônias inglesas? Se exigir de Londres a resposta a esta pergunta, essa resposta, em conformidade com o *Calvin's case*, julgado em 1608, será a seguinte: a *common law* inglesa é, em princípio, aplicável; os súditos ingleses levam-na com eles, quando se estabelecem em territórios que não estão submetidos a nações civilizadas. As colônias inglesas da América incluem-se nesta situação. Por consequência, a *common law* foi em princípio admitida nelas, e com a *common law* as leis *(statutes)* que, anteriormente à colonização da América, podiam tê-la modificado ou completado.[179]

Assim, tem-se que os Estados Unidos mantêm como marco do seu sistema jurídico o *Common Law*, em detrimento ao sistema do *Civil Law*, sendo a colonização inglesa o grande estandarte da origem e da mantença dessa tradição.[180]

O *Common Law* poder-se-ia definir como o ordenamento jurídico baseada nas decisões judiciais (precedentes), mais que nas próprias leis escritas *(statutory laws)*. Ou seja, é afeita mais a princípios do que regras *(rules)*.

Ao passo que não adota, como regra, normas absolutas, rígidas e inflexíveis, mas sim em amplos e abrangentes princípios baseados na justiça, na razão e no senso comum, que foram determinados pelas necessidades sociais da comunidade e que mudaram com a modificação dessas necessidades.[181]

Mesmo que a ideologia jurídica dominante nos sistemas de *Common Law* seja avessa a abstrações e extremamente tolerante com a desordem e a incoerência lógica do sistema, como um preço a ser pago pela possibilidade de realizar uma justiça individualizada em cada caso apreciado.[182]

De tal feita que as normas processuais americanas são redigidas em linguagem extremamente ampla, deixando uma larga margem

---

[178] DAVID, René. *Os grandes sistemas do Direito contemporâneo*. Trad. Hermínio A. Carvalho. 5. ed. São Paulo: Martins Fontes. 2014. p. 450.

[179] Ibidem, p. 450-451.

[180] JOBIM, Marco Félix. *Medidas estruturantes*: da suprema corte estadunidense ao Supremo Tribunal Federal. Porto Alegre: Livraria do Advogado, 2013. p. 43.

[181] GIFTS, Steve H. *Law Dictionary*. Fifth edition. New York: Barron's, 2003. p. 90.

[182] DAMAŠKA, Mirjan R. The faces of justice and state authority. *A comparative approach to the legal process*. New Haven: Yale University Press, 1986. p. 22-26.

de discricionariedade ao juiz de primeiro grau. Essa flexibilidade é que permite ao juiz adaptar o processo às peculiaridades de cada caso. O que se perde em capacidade de sistematização e generalização se ganha em flexibilidade, adaptabilidade e praticidade.

Assim, para superação desses obstáculos, avançar-se-á de forma sistemática, na análise e na verificação dentro das Regras Federais de Procedimentos Civis (*Federal Rules of Civil Procedure*) as Regras Federais de Provas (*Federal Rules of Evidence*) e, por fim, as Regras de Exclusão (*Exclusionary Rules*) do Direito norte-americano. Porém, para que seja possível essa análise sistemática, primeiro se observará a norma constitucional americana – *Bill of Rights*.

Em outras palavras, não obstante evidentes diferenças entre os sistemas jurídicos, examinar-se-ão, neste estudo, ao fim, as regras de exclusão do Direito Federal norte-americano (*Exclusionary Rules*), procurando distinguir as que exercem função epistêmica das que se devem a razões de política legislativa.[183] Porém, para chegar a esse ponto, passar-se-á por uma análise do *Bill of Rights*, *das Federal Rules of Civil Procedure e das Federal Rules of Evidence*. Enfim, o que se passa a demonstrar é que essa partição, tão clara no plano teórico, mas obscura na prática, pois um fim não exclui necessariamente o outro.[184]

### 3.3. Bill of Rights

A Declaração dos Direitos dos Cidadãos dos Estados Unidos (*United States Bill of Rights*), ratificada em 15 de dezembro de 1791, composta por dez emendas, foi criada pelo Primeiro Congresso em setembro de 1789, poucos anos depois da declaração da independência americana dos ingleses, onde o cenário era de total violação dos direitos civis americanos.

O objetivo primordial da Carta era o de determinar os limites sobre o que o governo pode e não pode fazer no que tange às liberdades individuais.

Nos dizeres de Josua Dressler, o *Bill of Rights* foi criado para trazer regras "projetadas como limitações ao poder do governo federal,

---

[183] TESHEINER, José Maria. Regras de exclusão no Direito probatório norte-americano. *Civil Procedure Review*, v. 5, n. 3: 75-100, sept.-dec., 2014. 75.

[184] Ibidem, p. 78.

e que não foram planejadas para restringir as ações dos governos dos Estados".[185]

A autoria do texto foi de James Madison, que obteve sua inspiração na Declaração de Direitos da Virgínia, escrita por George Mason. Diz-se que um dos pontos de maior discórdia na realização da Carta de Direitos foi entre federalistas e antifederalistas. Enquanto os primeiros entendiam que a Constituição não necessitava de uma Declaração de Direitos, vez que as pessoas e os estados ficariam com todo poder que não fosse concedido ao governo, os antifederalistas entendiam que uma Carta de Direitos se fazia imperiosa para preservação dos direitos individuais.[186]

Ultrapassadas as objeções, a Câmara acabou por aprovar dezessete alterações, sendo doze delas confirmadas pelo Senado. Ao final, dez enunciados foram aprovados e ratificados pelo Legislativo, em dezembro de 1791.

O ideal do *Bill of Rigths* era de aprovar uma lista de limites de atuação do poder do governo norte-americano, mantendo assim os direitos civis dos cidadãos resguardados. Pode-se comparar ao artigo 5º da Constituição Federal do Brasil, que, embora menos objetivo, prevê algumas das garantias e direitos fundamentais dos cidadãos brasileiros.

O preâmbulo da Constituição americana[187] reflete com clareza o momento vivido pelos americanos quando da sua proclamação,

---

[185] DRESSLER, Joshua. *Understand Criminal Procedure*. 2. ed. San Francisco, CA: Matthew Bender, 1997, p. 322.

[186] Disponível em <http://www.billofrightsinstitute.org/founding-documents/bill-of-rights/>. Acesso em 08.fev.2016.

[187] Maurizio Fioravante aduz que: "Se o constitucionalismo moderno é a ideologia que sustenta o princípio do governo limitado com finalidade de garantia, há que dizer então que os Estados Unidos, e não na França, são o país por excelência do constitucionalismo moderno. Nos Estados Unidos, e não em outro lugar, forma-se a doutrina e a prática da constituição rígida e o conexo controle de constitucionalidade. Isso sucede porque na experiência estadunidense, os modelos historicista, individualista e contratualista recuperam a originária e comum inspiração de garantia contra as filosofias estatais e legicentristas da Europa continental. Para os constituintes franceses, o constitucionalismo moderno contém, necessariamente, o projeto e a promessa para o futuro, da sociedade mais justa. Sob esse aspecto, recentes investigações demonstram, de maneira inequívoca, a questão dos direitos sociais – das ajudas públicas e da instrução pública, na linguagem da revolução – são questões constitucionais desde 1789, ainda que depois tais direitos somente encontrem a provisória consagração nos célebres artigos 21, 22 e 23 da Declaração Jacobina de 1793. Isso ocorre porque o individualismo e o contratualismo da Revolução Francesa não são mediados como na Revolução Americana por nenhum elemento de caráter historicista, mas constituem no conjunto a filosofia da transformação social para promover a igualdade no gozo dos direitos, com a força e a intensidade que desde logo foram desconhecidos na revolução americana. Os revolucionários americanos realizaram, assim, a Constituição que é mais lugar de competição entre os indivíduos e as forças sociais e políticas do que projeto para o futuro. Trata-se de constituição que se funda sobre único valor domi-

afirmando como um dos escopos do povo o de: "[...] formar uma União mais perfeita, estabelecer a justiça, assegurar a tranquilidade interna, prover a defesa comum, promover o bem-estar geral, e garantir para nós e para os nossos descendentes os benefícios da liberdade".

Dentre outros direitos elencados, o *Bill of Rights* prevê a impossibilidade por parte do Congresso de limitar liberdades como a de expressão, à imprensa, ao direito de livre associação pacífica e ao direito de fazer petições ao governo com o intuito de reparar agravos.

Em relação à matéria de provas, podemos citar como relevantes: a quarta emenda, que prevê à proteção contra buscas e apreensões arbitrárias e por consequência a impossibilidade de utilização de prova obtida ilicitamente por ocasião do julgamento; e a quinta emenda, que de modo geral representa o direito de produzir prova contra si mesmo, isto é, institui garantias contra o abuso da autoridade estatal, direito de permanecer calado, o direito de ser julgado apenas uma vez sobre mesmos fatos, etc. Esta última também prevê o princípio do devido processo legal, admitindo que ninguém será privado de sua vida, liberdade ou propriedade sem o devido processo legal.[188]

Hoje, o Bill of Rights possui 27 emendas, sendo que a última delas foi ratificada em maio de 1992, dispondo que "Nenhuma lei alterando a compensação pelos serviços prestados por Senadores e Representantes terá efeito até que seja votada pelos Representantes".

Chama atenção que grande parte dos preceitos trazidos pelo *"Bill of Rights"* consiste em normas de procedimento. Pois, entende-se que grande parte do arbítrio constitui uma questão procedimental. Determina assim, não a prevalência do conteúdo, mas o modo como proceder.

O *Bill of Rights*, como visto, contém uma série de dispositivos que dizem respeito ao sistema probatório e notadamente na quarta, quinta e sexta emendas referente às regras de exclusão, por tal razão sua indispensabilidade de tratamento.

---

nante, qual seja, o de tutela forte e absoluta dos direitos individuais e que deixa à margem da Constituição o indicador normativo do conjunto de valores, pensados como valores da igualdade e dos direitos sociais a realizar-se coletivamente.". FIORAVANTI, Maurício. *Los Derechos Fundamentales*. Apuntes de Historia de las Constituciones. Trad. de Manuel Martínez Neira. Madrid: Editorial Trotta, 1996, p. 92-93.

[188] Disponível em <http://www.billofrightsinstitute.org/founding-documents/bill-of-rights/>. Acesso em 09.fev.2016.

### 3.4. Federal Rules of Civil Procedure

As regras originais de Processo Civil para os Tribunais Distritais foram adotadas por ordem do Supremo Tribunal de Justiça em 20 de dezembro de 1937, transmitida ao Congresso pelo Ministério Público em 3 de janeiro de 1938, e entrou em vigor em 16 de setembro de 1938.

As "Normas do Processo Civil Federal" dos Estados Unidos (*Federal Rules of Civil Procedure*) disciplinam o processo civil nos juízos federais, uma vez que em face da histórica distribuição constitucional de poderes entre a União e os Estados, a legislação que disciplina os processos civil e criminal nos tribunais estaduais é da competência da cada Estado.

Não se podem confundir ou mesmo interpretar as *Federal Rules of Civil Procedure* com lei, no sentido de norma jurídica emanada do Poder Legislativo de um país. Também não se trata de um código no sentido de sistema legal que almeja ser coerente e completo. Trata-se de um conjunto de normas (*rules*) emitido pela Suprema Corte dos Estados Unidos, através de uma delegação do Poder Legislativo americano.[189]

O *Federal Rules of Civil Procedures*, ou seja, as regras federais de processo civil servem para regulamentar a matéria junto aos estados da nação americana. Tais regras procedimentais são promulgadas pelo Supremo Tribunal dos Estados Unidos, e o Congresso, por sua vez, possui a faculdade de vetá-las antes de sua definitiva publicação.

Antes do estabelecimento do *Federal Rules of Civil Procedures*, a matéria relacionada ao procedimento do processo era mais formal e tradicional, principalmente no que tange aos requerimentos. Atualmente, existem questões elencadas pela doutrina norte-americana que inclusive podem ser comparadas com alguns dos problemas no direito processual brasileiro como, por exemplo, a demora na entrega da prestação jurisdicional.[190]

---

[189] GIDI, Antonio. *A class action como instrumento de tutela coletiva dos Direitos*: as ações coletivas em uma perspectiva comparada. São Paulo: Revista dos Tribunais, 2007. p. 46.

[190] "O que é 'justiça processual' e os métodos de melhor alcançá-la? Como Mirjan Damaska sugeriu, tais questões compreendem parte de um 'sujeito imenso e desconcertante', cuja investigação pode nos tornar 'incertos sobre a adequação dos nossos pontos básicos de referência. Embora as discussões de justiça processual não tenham gerado um consenso sobre definição ou abordagens, certas noções sobre justiça processual parecem persistir. Acredita-se que a quantidade de procedimentos necessários para fornecer justiça afeta nossa percepção da qualidade da justiça. Alguns deixarão de reconhecer o ditado 'Justiça atrasada é justiça negada'. Nosso fascínio com a quantidade de tempo que os tribunais levam para resolver disputas se

Ademais, para que se possam compreender as Regras Federais Estadunidenses, tem-se que conceber a economia e a eficiência processual como valores constantes do direito processual civil americano, e não como instrumentos meramente falaciosos. Na *Rule 1* das *Federal Rules of Civil Procedure*,[191] cujo título menciona o propósito da regra, está previsto que "estas normas devem ser interpretadas e aplicadas para proporcionar a justa, rápida e econômica solução de cada controvérsia".

Em que pese haja regulamentação específica para matéria de provas (*Federal Rules of Evidence*), abaixo explanadas, a *Federal Rules of Civil Procedure* também possui referência ao tema. Podem-se citar as Regras 27 até 37 que correspondem ao Título V das Regras Processuais.

Chamadas de "Regras de Descoberta", essas preveem que as partes não podem ser surpreendidas por ocasião do julgamento. Por este motivo, o procedimento de descoberta deve ser realizado antes do julgamento com a colheita de informações e depoimentos.

Através dessas regras, as partes possuem uma série de ferramentas que as levam as informações necessárias para formarem o conjunto probatório no processo. Dentre os meios passíveis de utilização pelas partes estão: petição com requerimento de documentos, pedidos de admissão ao depor, negando ou confirmando determinadas alegações.

Quanto à prova testemunhal, a Regra 30 prevê que os demandantes poderão requerer até 10 depoimentos de testemunhas, que ficarão à disposição do tribunal para questionamentos por no máximo sete horas, sem deixar a corte.[192]

Embora os tribunais federais sejam obrigados a aplicar o Direito material dos Estados como regras de decisão nos casos em que a lei estadual está em questão, os tribunais federais usam quase sempre o *Federal Rules of Civil Procedure* como as suas regras de procedimento.

---

estende por séculos – pelo menos a partir da Magna Carta até as Regras Federais de Processo Civil. A preocupação com os problemas de atraso também se estende para além da jurisprudência anglo-americana. Na verdade, a preocupação perpétua sobre 'o atraso da justiça' pode ser visto como o destino da humanidade, em vez de uma tradição escolhida". Tradução Livre. JOHNSTON, Patrick. Civil Justice Reform: Juggling Between Politics and Perfection. In: *Fordham Law Review*, vol. 62, Issue 4. Nova York: Fordham University, 1994, p. 833-834.

[191] Rule 1. Scope and Purpose: These rules govern the procedure in all civil actions and proceedings in the United States district courts, except as stated in Rule 81. They should be construed, administered, and employed by the court and the parties to secure the just, speedy, and inexpensive determination of every action and proceeding.

[192] Disponível em <https://www.law.cornell.edu/rules/frcp>. Acesso em 09.fev.2016.

## 3.5. Federal Rules of Evidence

Antes do século XX, o Direito das provas foi em grande parte o produto de decisões judiciais. Uma vez que pela cultura norte-americana, a produção das provas recai, quase inteiramente às partes, por intermédio de seus advogados, os quais conduzem o trabalho investigatório pelo procedimento denominado *Discovery*.

Contudo, projetos como o *California Evidence Code* e o *Uniform Rules of Evidence* incentivaram a codificação das regras de prova.

Em 1965, Earl Warren – Chief Justice – nomeou um comitê consultivo para elaborar as novas regras. A comissão era composta por advogados e juristas de todo o país. Assim, alguns anos depois surgiu o *Federal Rules of Evidence*.

Toda essa elaboração teve como finalidade regular as provas (evidências) de que o júri pode usar para chegar a uma decisão. Deve-se, para tanto, conceber a acepção histórica, pois esse regramento refletia a desconfiança da sociedade perante os jurados. Assim, a *Federal Rules of Evidence* buscou eliminar essa desconfiança ao incentivar, por exemplo, a admissibilidade de prova em casos similares.

A *Federal Rules of Evidence*, em verdade, é um código de lei, que se aplica aos Tribunais Federais dos Estados Unidos. Embora regras se apliquem somente em Tribunais Federais, muitos Estados passaram a adotá-lo.

A ideia central da *Federal Rules of Evidence* é a verificação da relevância, surpresa injusta, eficiência, confiabilidade e equidade global do processo adversário.

As Regras da *Federal Rules of Evidence* ainda concedem aos juízes amplos poderes para admitir provas em face de argumentos contraditórios das partes, o que, na visão do sistema, garante que o júri tenha uma ampla visão de elementos para decidirem, mas lhes sendo vedados fatores repetitivos, inflamatórios, ou desnecessariamente confusos.

Nesse sentido, há 67 regras numeradas individualmente, divididas entre os 11 (onze)[193] artigos, assim disposto: 1. Disposições Gerais; 2. Avisos Judiciais; 3. Presunções em Ações Civis e Procedimentos; 4. Relevância e seus limites; 5. Privilégios; 6. Testemunhas; 7.

---

[193] 1. General notice; 2. Judicial Notice; 3. Presumptions in Civil Actions and Proceedings; 4. Relevancy and Its Limits; 5. Privileges; 6. Witnesses; 7. Opinions and Expert Testimony; 8. Hearsay; 9. Authentication and Identification; 10. Contents of Writings, Recordings, and Photographs; 11. Miscellaneous Rules.

Opiniões de especialistas e Testemunhos; 8. Boatos; 9. Autenticação e Identificação; 10. Índice de escritos, gravações e fotografias; 11. Regras Variadas.

Assim, *Federal Rules of Evidence* rege as provas e as consequências que decorrem durante o julgamento de ações cíveis e criminais.

Tais regras incorporam alguns conceitos bastante comuns entre os dois sistemas jurídicos e assim, para muito, a regra 403[194] é considerada uma das mais importantes:

> O tribunal pode, ainda que relevante, excluir a prova se o seu valor probatório seja substancialmente inferior ao perigo de prejuízo injusto, confusão das questões, ou enganar o júri, ou por considerações de demora indevida, perda de tempo, ou a apresentação desnecessária de evidências cumulativas.(tradução livre)

Outro importante exemplo é a regra 402[195] das *Federal Rules of Evidence*, possui vinculação com o fator com a admissibilidade da provas, determinando quase que de forma exclusiva o princípio da relevância.

Ademais, ainda com o foco na *rule* 402, serve esse, ao determinar as regras de relevância, também determinar, principiologicamente, as regras de exclusão.

Nesse entendimento, as regras de relevância, provavelmente suficientes, para determinar quais provas seriam excluídas e quais provas teriam relevância para com a decisão.

Ou seja, como resta claro pela norma acima, dentro das regras da *Federal Rules of Evidence* têm as regras de exclusão, ponto de fundamental importância ao trabalho.

### 3.6. *Exclusionary Rules*

Após a revisitação dos institutos da *Bill of Rights*, da *Federal Rules of Civil Procedure* e das *Federal Rules of Evidence*, têm-se condições de adentrar no tema, propriamente dito, das regras de exclusão (*exclusionary rule*).

A verificação das regras de exclusão no sistema estadunidense, parte da mesma premissa que o Direito brasileiro, vez que, segundo

---

[194] The court may exclude relevant evidence if its probative value is substantially outweighed by a danger of one or more of the following: unfair prejudice, confusing the issues, misleading the jury, undue delay, wasting time, or needlessly presenting cumulative evidence.

[195] Relevant evidence is admissible unless any of the following provides otherwise: the United States Constitution; a federal statute; these rules; or other rules prescribed by the Supreme Court.

Michele Taruffo, no todos os sistemas processuais incluem normas relativas à admissibilidade da prova, mesmo que em geral reconheça-se que no âmbito da prova liga-se mais à lógica e à epistemologia do propriamente à regulação jurídica.[196] Logo, no sistema do *Common Law* estadunidense, não é diferente.

Observa-se, que neste tópico se buscará desenvolver uma ideia mais histórica das regras de exclusão dos Estados Unidos da América, pois no último capítulo se trabalhará com as regras especificas.

O sistema do *Common Law* desenvolveu uma série de regras destinadas a impedir que os jurados, porque leigos e sem o domínio da técnica, lancem mão de inferências indevidas. São as chamadas regras de exclusão. Curiosamente, impede-se que os jurados tomem conhecimento de determinados fatos ou provas, para que melhor possam decidir. São regras baseadas em experiências seculares, mas que já se encontram codificadas, por exemplo, no Direito federal norte-americano.[197]

É comum verificar a afirmação de que a primeira Regra de Exclusão estadunidense surgiu com o caso *Weeks v. United States*, de 1914. Tal afirmativa estará correta, se levado em conta apenas casos criminais. Pois, encontra-se, no caso *Boyd v. United States*, de 1886, a primeira verificação das regras de exclusão, em um caso que versava sobre a cobrança de direitos alfandegários à sociedade.

No caso *Boyd v. United States*, a discussão ocorrera em razão da possível 5ª Emenda da Constituição dos Estados Unidos, pela possível imposição de obrigação de produção de prova potencialmente autoincriminatória (*self-incriminating evidence*).

Já no caso *Weeks v. United States*, a exclusão estava voltada à violação da 4ª Emenda da Constituição dos Estados Unidos, uma vez que a causa posta em juízo, dera-se em razão de uma busca policial na residência de Weeks, sem mandado judicial. E desse modo, uma busca que excede os poderes constitucionalmente alcançados dos policiais americanos, deveria ser considerada nula, e, assim, não sendo permitido o seu uso como prova no tribunal. Ou seja, o caso *Weeks v. United States* limitou o uso e os efeitos das provas obtidas em desacordo com os preceitos constitucionais.

Assim, com os casos Boyd v. United States e Weeks v. United States, a Suprema Corte criava a *exclusionary rule*.

---

[196] TARUFFO, Michele. *A prova*. Trad. João Gabriel Couto. São Paulo: Marcial Pons, 2014. p. 38.
[197] TESHEINER, José Maria. Regras de exclusão no Direito probatório norte-americano. *Civil Procedure Review*, v.5, n.3: 75-100, sept.-dec., 2014. p. 81.

Já na prática, a primeira dificuldade que se encontra é o fato de que as regras de exclusão são normas feitas pelos juízes com base em violações aos Direitos constitucionais (*Bill of Right*) e as *Federal Rules*. Assim, diante da declaração do juiz, as partes não podem usar determinadas provas que o juiz tenha entendido por obtidas fora da legislação vigente.

Ou seja, examinando-se as normas jurídicas aplicáveis, chamam desde logo a atenção, no Direito norte-americano, as normas de exclusão (*exclusionary rules*), devidas à centralidade do júri, mesmo no cível. Trata-se, em última análise, de excluir do conhecimento dos jurados fatos de que poderiam extrair inferências indevidas, o que de certo modo implica o paradoxo de se lhes negar o conhecimento de fatos para melhor decidir sobre os fatos.[198]

Observa Michele Taruffo que as regras de exclusão das provas podem ser divididas em duas grandes categorias, de acordo com a função a que se destinam:

> A primeira inclui normas que visam a desempenhar, de maneira exclusiva ou não, uma função epistêmica. Essas parecem ter o fim de prevenir ou evitar erros ou incompreensões na determinação do valor de determinadas provas, por parte do sujeito ou do órgão que deve formular a decisão final sobre os fatos. É claro que a prevenção de erros de valoração é um aspecto importante de qualquer procedimento orientado à descoberta da verdade.
>
> A segunda categoria inclui normas de exclusão que não têm qualquer finalidade epistêmica, visto que não visam a favorecer a descoberta da verdade; são destinadas a que se alcancem fins de outra natureza (mais ou menos relevantes, de acordo com o caso), mas nada têm a ver com a correta apuração dos fatos. Essas normas, todavia, condicionam diretamente a apuração dos fatos, já que limitam ou impedem de vários modos a produção de provas relevantes; portanto, têm uma clara incidência negativa na perspectiva da função epistêmica do processo.[199]

Ademais, a admissibilidade de uma prova está condicionada à sua relevância, como já visto. E assim, quase tudo, nas regras processuais, relaciona-se com a ideia de que, para ser admitida, é necessário que a prova sirva racionalmente para esclarecer questão de fato controvertida.

Há regras de exclusão baseadas em políticas sociais, como as que protegem a confidencialidade das comunicações e há regras de

---
[198] TESHEINER, José Maria. Regras de exclusão no Direito probatório norte-americano. *Civil Procedure Review*, v.5, n.3: 75-100, sept.-dec., 2014. p. 78.
[199] TARUFFO, Michele. *Uma simples verdade*. O juiz e a construção dos Fatos. Trad. Vitor de Paula Ramos. São Paulo: Marcial Pons, 2012. p. 171.

exclusão de natureza epistêmica, como as que excluem provas inconfiáveis, como a prova "por ouvir dizer" (*hearing*).[200]

Porém, não adentra-se especificamente nas regras de exclusão do sistema estadunidense, vez que relatadas no capítulo quatro.

### 3.7. O júri cível

Outro aspecto fundamental, não só para que se possa compreender o direito americano do *Common Law*, mas a valoração desses pela oralidade e do modo como se dá a valoração da prova, está na figura do júri cível.

Diga-se que, tradicionalmente, a distinção entre a função do juiz e a função do júri, bem como a distinção entre juiz e júri, são traços de importante distinção entre *Civil Law* e *Common Law*.

Tem-se que a presença de membros da comunidade na condição de jurados, no intuito de analisar e dar valor às provas (*trier of fact*), é realmente desafiador para aqueles que se atêm, tão somente ao *Civil Law*.

A ideia do Júri, neste trabalho, mais especificamente do júri cível, tem sua função de ser na tentativa de entender como as respostas dadas por um grupo de sujeitos pertencentes à comunidade em que se tenha verificado os fatos, pode, em tese, superar as palavras de um juiz.

Supõe-se, em verdade, que esses sujeitos estivessem em melhores condições de confirmá-las perante um juiz, já que a comunidade estava a par dos eventos principais que caracterizavam a sua vida econômica e jurídica.[201]

A ascendência do júri na Inglaterra teve forte conexão com a decadência do ordálio, vez que o sistema do júri era preferível ao duelo, pois além de mais equitativo, evitava a morte de uma das partes.[202]

A fortificação do júri ocorreu em diversas etapas sucessivas, conforme Michele Taruffo, citando como exemplo a *Constitution of Claredon* (1164), já que se trata na realidade de um sistema fundando

---

[200] TESHEINER, José Maria. Regras de exclusão no Direito probatório norte-americano. *Civil Procedure Review*, v.5, n.3: 75-100, sept.-dec., 2014. p. 82.

[201] TARUFFO, Michele. *Uma simples verdade*. O juiz e a construção dos Fatos. Trad. Vitor de Paula Ramos. São Paulo: Marcial Pons, 2012. p. 36.

[202] Ibidem, p. 38.

no júri, em que doze homens jurava dizer qual das partes tinha a propriedade de terra objeto do litígio.[203]

Neste sentido, afirma Michele Taruffo que nos séculos sucessivos, de forma lenta e gradual (do séc. XIII ao séc. XV), a figura do júri sofreu grandes transformações, principalmente deixando de ser uma testemunha de fato e se tornando juízes do fato.[204]

A introdução do júri como *trier of fact* (juízes do fato), e não mais como testemunhas dos fatos, foi uma reforma de fundamental importância na justiça inglesa. Uma vez que os jurados deixaram de serem testemunhas do fato e passaram a valorar as provas fornecidas pelas partes.

Tal mudança, ao conceber o júri como o juiz da causa e sendo esse a voz do povo, explica seu papel como *moral agency*, tornando-se símbolo da liberdade dos ingleses contra o poder da Coroa. Mais tarde, nas colônias americanas, passou e tornou-se o símbolo da liberdade dos americanos contra os ingleses.

No século XVIII, existia júri em todas as colônias americanas, pois eram considerados como a garantia fundamental das liberdades individuais.

O júri norte-americano desempenha outras funções além de juízes do fato, pois também protege os cidadãos (na condição de voz do povo) contra o poder opressor do Estado.

Existem, como não poderia deixar de ser, inúmeras discussões quanto a eficácia do júri em obter a verdade.

Porém, a existência do júri, por si só, é capaz de gerar a reflexão necessária do instituto frente a sua ausência nos países de *Civil Law*.

---

[203] TARUFFO, Michele. *Uma simples verdade*. O juiz e a construção dos Fatos. Trad. Vitor de Paula Ramos. São Paulo: Marcial Pons, 2012. p. 37.

[204] Ibidem, p. 40.

## 4. Um estudo comparativo entre a valoração da prova e as regras de exclusão existentes no Direito brasileiro e no Direito federal norte-americano

### 4.1. Das problemáticas no estudo comparado entre *Civil Law* e *Common Law*

A busca de um modelo de prova adequado à realidade, à ciência e ao Direito Processual brasileiro, mediante o estudo de um sistema tão distinto (Direito Federal Norte-Americano), tem por certas dificuldades, todavia, maximiza a verificação da existência de regras que possibilitem tal compressão.

O estudo de direito comparado traz algumas dificuldades de caráter objetivo, dificuldades essas que se tornam ainda maiores quando a comparação ocorre entre sistemas de famílias jurídicas diversas.

O Direito processual estadunidense, assim como nos demais países de *Common Law*, é extremamente difícil de ser estudado pelos juristas de *Civil Law*.

Na concepção de Antonio Gidi, haverá, assim, a necessidade de se superarem as dificuldades relacionadas ao amplo sistema do *Common Law* em geral e, mais especificamente, às idiossincrasias do sistema jurídico americano, ainda se têm de enfrentar as dificuldades inerentes ao próprio Direito probatório.[205]

Para tanto, Antonio Gidi[206] destaca as 6 (seis) principais dificuldades que os juristas do *Civil Law* encontra no estudo do *Common*

---

[205] GIDI, Antonio. *A class action como instrumento de tutela coletiva dos Direitos*: as ações coletivas em uma perspectiva comparada. São Paulo: Revista dos Tribunais, 2007. p. 20.
[206] Ibidem, p. 18-24.

*Law*, em que assim se pode sintetizar. Como o fato das normas processuais americanas são redigidas em uma linguagem desconcertantemente ampla, deixando uma larga margem de discricionariedade ao juiz de primeiro grau. Existem também as idiossincrasias do sistema jurídico americano, bem como sua linguagem técnica que não possui nem almeja a precisão quase matemática ambicionada pela doutrina de tradição derivada da Europa continental.

Assim, não é possível compreender o processo civil americano através da sua simples subsunção à linguagem técnico-jurídica brasileira, como seria possível no caso do processo civil alemão, italiano ou espanhol, por exemplo.

O Direito processual americano, como em geral qualquer ramo do Direito em qualquer país de *Common Law*, é extremamente difícil de ser estudado pelos juristas de *Civil Law*, já que a estrutura dos livros é substancialmente diferente da brasileira. Com o Direito processual civil americano é diferente.

Por mais técnica que seja a análise, não é possível compreender o Direito processual sem conhecer o Direito material e o sistema jurídico como um todo, logo, não é possível conhecer o sistema jurídico de um povo sem compreender a sua cultura nas esferas social, econômica e política.

A tarefa de "tradução" de um instituto típico do sistema de *Common Law* para uma linguagem e um público de Civil *Law* (ou vice-versa) é extremamente difícil e muitas vezes frustrante. As dificuldades naturais de linguagem, de cultura e de sistema.

Nesse ponto, tem-se a ideia que o *Civil Law* tende a identificar o direito como lei e, assim, o papel do juiz é, senão, aplicar a lei. Nos países de *Commom Law*, o direito legislativo é visto, até certo ponto, como fonte excepcional do direito. Essa diferença evidencia a maior autoridade do juiz do *Common Law* frente ao juiz do *Civil Law*.

Poder-se-ia, para tanto, formular diversos questionamentos para verificação das diferenças entre os sistemas, tais como: qual o grau de independência do Judiciário em relação ao Executivo? Como são organizados e operam os tribunais superiores? É realístico esperar que tais cortes exerceriam de maneira razoável, mais alto grau de discricionariedade que lhes fosse atribuído? Quais seriam as reações e a tal discricionariedade e os preconceitos contrários? Existe desequilíbrio na distribuição dos poderes e, em caso afirmativo, é realístico esperar que os juízes possam e desejem lançar, por assim dizer, o próprio peso sobre o prato da balança, para alcançar melhor equilíbrio?[207]

Sem dúvida, os questionamentos trazidos por Mauro Cappelletti são importantes para o entendimento dos sistemas. No entanto, especificamente para o instituto da prova, uma análise do sistema legal e dos meios de valoração no *Common Law*, em comparação com o *Civil Law*, neste momento, é mais apropriada. Mas já se adverte, não há mais uma abissal diferença entre as diferentes famílias ora trabalhadas, pois mesmo que assim já tenha sido, resta superada pela conjectura do mundo jurídico contemporâneo.

Não obstante tais dificuldades, uma tutela jurisdicional adequada exige a existência de um processo efetivo e de resultados com respeito aos Direitos e garantias fundamentais ou, ainda, nada além de um processo legal devido e com bases constitucionais.

Assim sendo, a justa e correta aplicação da correta valoração da prova testemunhal proporcionará uma tutela jurisdicional mais justa e efetiva, concedendo ao Estado uma capacidade de busca da verdade adequada e garantidora ao Direito a quem realmente o titule. Só assim se poderá almejar a um processo leal e justo, tanto para autores e réus (*lato sensu*), bem como refletirá em toda sociedade civil, que espera, do Poder Judiciário a capacidade de apurar e decidir de acordo com a lei, a justiça e a equidade.

## 4.2. A oralidade no *Civil Law* e no *Common Law*

Tem-se, na verificação da oralidade do processo, um aspecto de fundamental importância para compreensão do sistema probatório nas distintas famílias *Civil Law* e *Common Law*.

O processo civil é anterior ao aparecimento da escrita, nascendo assim com fortes características orais.

Com o advento da escrita, os sistemas jurídicos se adaptaram, ao passar do tempo, de maneira distinta, alguns valorando mais a oralidade frente à escrita e outros de modo inverso.

A ocorrência dessa predominância pela escrita ou pela oralidade chegou a tal ponto, que é possível afirmar que tanto no passado como no presente pode se ter uma forma exclusivamente oral, uma apenas escrita ou ainda, uma forma mista.

---

[207] CAPPELLETTI, Mauro. *Juízes Legisladores?* Trad. Carlos Aberto Alvaro de Oliveira. Porto Alegre: Sergio Antonio Fabris, 1999. p. 113.

Bem observa Michele Taruffo, que simbolicamente o início da dicotomia pode ser datado de 1215, determinando a evolução sucessiva dos sistemas probatórios e dando lugar a diferenças entre *Common Law* e *Civil Law*, que estaria destinada a durar por muitos séculos e que subsiste ainda hoje.[208]

No sistema de *Common Law*, também existem determinados contratos que por suas especificidades devam ser relatados por escrito. Razão pela qual, poder-se-ia provar a existência desse contrato, juntando o documento escrito.

No intuito de evitar fraude e pela concepção de valoração da oralidade existente nos sistemas de *Common Law*, como regra, deve-se apresentar o documento escrito, mas, qualquer outro meio de prova é admitido se comprovada a impossibilidade de juntada do documento original.

Para tanto, observa-se a *Rule* 1004 da *Federal Rule of Evidence*, vez que indicados os casos nos quais a regra básica não se aplica. Tem-se, assim, a desnecessidade do documento original (escrita, gravação ou fotografia) se: **(a)** todos os originais foram perdidos ou destruídos, sem que tenha havido destruição por má-fé; **(b)** se o original não puder ser obtido pelos meios judiciais disponíveis; **(c)** a parte contra a qual o original seria oferecido tinha o dever de guarda; e quando o documento seria usado como prova em processo e não consegue produzi-lo no julgamento ou audiência; ou **(d)** a escrita, gravação ou fotografia, que não está intimamente relacionada a um problema controlável pelo homem.

Por conseguinte, vê-se a prevalência da oralidade no sistema de *Common Law* estadunidense frente ao sistema de *Civil Law* brasileiro. Fator que fica ainda mais evidente quando comparado com a figura do júri cível.

### 4.2.1. A oralidade e o júri cível

No *Common Law*, mais especificamente no Direito Inglês, o uso do júri acarretou o fim dos ordálios, consolidando-se como *jury by trial*.

Já na Europa continental, representando a hoje chamada *Civil Law*, do mesmo modo que a Inglaterra abandonou os ordálios, por meios de provas novos – ressalta Michele Taruffo, que esses sistemas

---

[208] TARUFFO, Michele. *Uma simples verdade*. O juiz e a construção dos Fatos. Trad. Vitor de Paula Ramos. São Paulo: Marcial Pons, 2012. p. 40.

"novos" na verdade derivavam da tradição romana, concebidos como meios de descoberta da verdade sobre os fatos da causa. Essa concepção era fruto de uma nova formação jurídico-filosófica, que acarretou na manutenção dos documentos escritos e pôs fim ao juramento.[209]

O fim dos ordálios teve como consequência a profunda divergência entre os dois sistemas, quanto aos instrumentos e técnicas utilizadas para chegar à decisão da causa. De um lado (*Common Law*), coloca-se a confiança pela justiça nas mãos do povo, através da figura do júri.

Nessa perspectiva, a verdade é aquilo que o júri diz, portanto sem a preocupação na descoberta da verdade real.

Por outro lado, no que diz respeito aos sistemas continentais (*Civil Law*), a apuração da verdade dos fatos é concebida como um dos escopos principais do processo. Para tanto, a busca da verdade ocorria de forma racional, na qual um juiz profissional analisava as informações obtidas através de documentos e testemunha, para ao final elaborar uma reconstrução verídica sobre os fatos.[210]

Tem-se, nesse exato momento, a queda da oralidade nos países de *Civil Law* e o seu fortalecimento no sistema do *Common Law*.

Nesse compasso, enquanto a valoração das provas no sistema da *Commom Law* estava na voz do povo, pela figura do Júri, no sistema de *Civil Law*, toda valoração probatória passou a discricionariedade do juiz, inclusive na credibilidade, ou não, das testemunhas.

Tal discricionariedade, contudo, deveria ser utilizada com prudência, visto que o juiz deveria depositar confiança naquelas testemunhas que lhe parecessem mais próximas da verdade.

Fato é que a figura do júri, frente ao juiz imparcial, que somente se apresenta quando há conflito entre as partes, permite uma maior celeridade ao processo.

Mas não se deve apenas focar na figura do juiz como forma de celeridade processual, as partes e os advogados também possuem fundamental importância nesse contexto.

### 4.2.2. Da concepção e da inquirição das testemunhas

Outro ponto a se destacar está na diferença como ocorre a inquirição da prova testemunhal nos dois sistemas.

---

[209] TARUFFO, Michele. *Uma simples verdade*. O juiz e a construção dos Fatos. Trad. Vitor de Paula Ramos. São Paulo: Marcial Pons, 2012. p. 42.

[210] Idem.

A concepção de testemunha é idêntica para ambos, considerando-se testemunha (no feminino) a pessoa chamada a depor. Num sentido mais restrito, testemunha é a pessoa chamada em juízo, assegurando a eficácia probatória e garantindo ao processo seus efeitos, provando a existência ou a inexistência de um fato alegado pelas partes.

O sistema do *Civil Law* baseia-se na figura do juiz como centro do processo, pois a esse cabe o dever de colher e valorar as provas dos autos.

As testemunhas, via de regra, são inquiridas pelo juiz, através de perguntas previamente fornecidas pelos advogados, isso quando o fato não é todo narrado anteriormente, cabendo ao inquirido dizer apenas: "sim" ou "não".

E mais, os depoimentos por esse sistema tendem a ser fragmentados, não havendo testemunho espontâneo e contínuo, ou seja, a história acaba por ser fragmentado a ponto de confundir o próprio inquiridor, no caso, o juiz.[211]

Nesse sentido, ao advogado cabe inquirir a testemunha de forma indireta, após realizada a oitiva pelo magistrado, tendo como objetivo a elucidação de pontos que ficaram obscuros quando da sua fala ao juiz.

Ou seja, tem-se uma ideia de que as provas são produzidas através da atividade judicante, desempenhada pelo mesmo órgão que, ao final, proferirá a decisão.

Do ponto de vista do advogado, pode não parecer um método interessante, já que o poder de obtenção das provas está direcionado à figura do juiz. Porém, do ponto de vista epistêmico, ressalta Michele Taruffo, parece correto, desde que, observadas algumas questões de ordem prática, nem sempre verificadas no dia a dia forense, são elas:

> **a)** é necessário que o juiz seja ativo na busca da verdade; **b)** que ele disponha de hipóteses adequadas sobre os fatos a serem apurados; **c)** que ele verifique efetivamente a credibilidade da testemunha e a confiabilidade de suas declarações; **d)** que ele aprofunde o exame da testemunha para o além das indicações fornecidas pelas partes, e; **e)** que obtenha, no curso da inquirição, todos os elementos que posteriormente ser-lhe-ão, necessários para valorar a eficácia probatória da testemunha.[212]

---

[211] TARUFFO, Michele. *Uma simples verdade*. O juiz e a construção dos Fatos. Trad. Vitor de Paula Ramos. São Paulo: Marcial Pons, 2012. p. 69.

[212] Ibidem, p. 182.

A figura do juiz diligente, preocupado com a causa, ativo em busca da verdade, que seja capaz de verificar e aprofundar a prova testemunhal, de sua credibilidade até inferir todos os elementos que posteriormente ser-lhe-ão necessários para fundamentar uma decisão, contrasta, infelizmente, com o volume de demandas existentes.

Torna-se praticamente impossível um juiz ativo em todas suas responsabilidades em cada um dos processos em que atua.

Porém, ainda que se tenha um juiz passivo, inadequado ao sistema em comento, permitir uma participação mais efetiva das partes, na figura de seus advogados, para real inquirição da testemunha, poderia ajudar a solucionar esta problemática.

Porém, ainda que mudanças legislativas tenham ocorrido com o advento do Novo Código de Processo Civil, como, por exemplo, a possibilidade das partes direcionarem suas perguntas diretamente a testemunha, nos termos do art. 459.[213]

Ainda que tal mudança venha a permitir um maior acesso do advogado à testemunha, tanto o juiz, como os próprios advogados devem entender este novo formato.

Tal modificação deve ser entendida como uma possibilidade dada às partes, em razão das dificuldades encontradas pelo Poder Judiciário, em inquirir as testemunhas na busca da verdade, bem como, dentro do possível, testando a credibilidade do testemunho. Porém, sem confundir a permissão de questionamento direto, com o sistema adversarial norte-americano – pois, ver-se-á, é completamente distinto.

Logo, no sistema do *Civil Law*, ainda que as partes, por meio de seus advogados possam formular questionamento direto à testemunha, não caberá ao advogado criar situações que exponham a testemunha como no direito americano. Ou seja, o advogado do *Civil Law*, quando da inquirição da testemunha estará de maneira secundária, tomando lugar do juiz, para fins de facilitar a busca da verdade dos fatos no processo.

Já o sistema estadunidense funda-se na inquirição das testemunhas, advogado das partes, segundo a ordem de *direct* e *cross-examination*. No modelo americano, os advogados possuem amplos

---

[213] Art. 459. As perguntas serão formuladas pelas partes diretamente à testemunha, começando pela que a arrolou, não admitindo o juiz aquelas que puderem induzir a resposta, não tiverem relação com as questões de fato objeto da atividade probatória ou importarem repetição de outra já respondida.

poderes para formularem as perguntas na ordem que julguem mais eficaz para obtenção do testemunho.

Um primeiro mecanismo no sistema estadunidense tem-se na impugnação da testemunha, regulado pelas regras 607 a 610 da *Federal Rules of Evidence*.

A regra 607 assina que qualquer das partes, incluindo a parte que chamou a testemunha, pode atacar a credibilidade desta.

Já a regra apresentada pela regra 608 permite que a testemunha seja atacada quanto a sua credibilidade em razão de sua reputação, ou seja, tem-se um desvirtuamento da busca das informações e dos fatos que a testemunha tem a declarar, para atacar a própria figura do depoente a fim de tirar sua credibilidade.

Vê-se, que a regra 608 é típica do sistema estadunidense, uma vez que não busca a verdade, mas sim o confronto entre as partes.

Ainda, de acordo com a regra 609, pode-se atacar a credibilidade de uma testemunha condenada criminalmente. A norma contém certas ressalvas, que incluem a imposição de limitações de tempo, casos de reabilitação comprovada, e, excluindo alguns casos de condenação de menores infratores.

Por fim, a regra 610, não permite que, com base nas crenças ou opiniões religiosas da testemunha, se ataque sua credibilidade.

Para tanto, se uma impugnação logra êxito, tem como consequência direta o prejuízo da credibilidade desta testemunha, e, portanto, tendo seu valor probatório fortemente reduzido.

Não ocorrendo o *impeach* a oitiva se dará na forma do *direct* e *cross-examination, quando,* inicialmente as partes inquirem diretamente suas testemunhas, buscando obter declarações favoráveis a sua tese, bem como contestar a credibilidade das testemunhas da parte adversária. Na sequência, ocorre *cross-examination,* que é o direito de a parte inquirir a testemunha trazida pela parte adversária (por isso, "exame cruzado").

Para John Henry Wigmore,[214] o *cross-examination* seria o melhor método legal concebido para a busca da verdade.[215]

Do mesmo modo que verificada a situação frente à inquirição as testemunhas pelo juízo da causa, cabe questionar a validade do

---

[214] WINGMORE, John Henry. *A treatise on the Anglo-American System of evidence trials at Common Law*. Rev. 3. ed. Boston-Toronto, 1974. *Apud*, TARUFFO, Michele. *Uma simples verdade*. O juiz e a construção dos Fatos. Trad. Vitor de Paula Ramos. São Paulo: Marcial Pons, 2012. p. 183.

[215] The greatest legal engine ever invented for the search of truth.

*cross-examination*. Diante de tal questionamento, Michele Taruffo traz a seguinte consideração:

> Prima Facie a resposta poderia ser verdadeira, visto que parece intuitiva a utilidade da contestação, da credibilidade da testemunha que pode provir da parte adversária e do aprofundamento da análise dos fatos feita pela parte que tem interesse na verificação da completude e da confiabilidade das respostas dadas na primeira fase da inquirição. A *cross-examination* funda-se na premissa de uma profunda desconfiança nas testemunhas, tendo como objetivo ocontrole de sua credibilidade. [...]
>
> Resulta de resto, evidente que o escopo essencial a que é dirigida a *cross*-examination não é o de fazer emegir a verdade dos fatos.[...]
>
> O verdadeiro escopo da *cross-examination* é de atacar a testemunha que tiver, no *direct examination*, dado respostas favoráveis à parte que o chamara e desfavoráveis ao cliente do contrainquiridor. Esse visa, portanto, a *impeach* a testemunha, ou seja, a demonstrar que ela não é digna de fé, que mentiu, que deu respostas incoerentes e contraditórias, que não tinha condições de saber com certeza o que disse, que não disse tudo que sabia, e assim por diante. Em substância, o que está escrito nos manuais que ensinam as estratégias das *cross-examination é que essa deve ter o objetivo de "destruir" ou de "massacrar" a testemunha adversária.*[216]

Vê-se, que os objetivos da *cross-examination* vão além da busca da verdade dos buscam, pois a ideia que a permeia não é contrapor o testemunho, mas sim, primeiramente, a própria testemunha.

Neste sentido, um testemunho verídico poderá ser aniquilado por um *cross-examination*, que esta não se preocupa com a veracidade dos fatos relatos pela testemunha, a qual refere-se na exata correspondência com a realidade objetiva que verificou. Na *cross-examination* isso não importa, pois a ideia – como já verificado, será a de destruir o testemunho e para isso, se preciso for, atacar a própria testemunha.

Tem-se, portanto, um verdadeiro duelo entre advogado e testemunha. Quanto mais inescrupuloso for o advogado e mais fraca psicologicamente for a testemunha, mais a *cross-examination* terá seu objetivo alcançado. Resultando, porém, em danos sempre causados à testemunha inquirida.

Acredita-se, que no intuito de evitar estes constrangimentos, é que se tem a *Rule* 611 da *Federal of Evidence, na qual* indica que tribunal deve exercer controle razoável sobre o meio de inquirir as testemunhas, de modo a: (1) fazer esses procedimentos eficaz para determinar a verdade; (2) evitar o desperdício de tempo; e (3) proteger as testemunhas de assédio ou constrangimento indevido.

---

[216] TARUFFO, Michele. *Uma simples verdade*. O juiz e a construção dos Fatos. Trad. Vitor de Paula Ramos. São Paulo: Marcial Pons, 2012. p. 184-85.

Todavia, essa regra é de total discricionariedade do juiz, o qual, nos termos do já explanado, tende a ser passivo perante a causa, deixando livre o campo para atuação dos advogados, não se contrapondo a prática da maioria dos atos – com as devidas exceções, em razão do consolidado sistema adversarial.

Ainda porquanto da inquirição da testemunha, tem-se a *Rule* 614 da *Federal of Evidence*,[217] a qual corrobora com a ideia de que essas são *party-centered*, ou seja, vinculada a uma das partes. Podendo, inclusive, ser instruídas e treinadas para depor.

Pela *Rule* 614, é permitido ao juiz fazer pergunta diretamente à parte, mas dessa possibilidade também pouco se utiliza, evitando interferir na inquirição feita pelos advogados das partes, não arriscando assim, sua posição de neutralidade.

Assim, não se espera das testemunhas pelo sistema estadunidense, que sejam neutras ou imparciais. De tal modo, que pela *cross-examination*, não se espera a descoberta da verdade, mas serve, para descoberta de mentiras.

Ao analisar os dois sistemas de inquirição de testemunhas – modelo inquisitorial e adversarial, Michele Taruffo traz um comparativo entre os dois sistemas:

> Nenhum dos dois modelos fundamentais de produção de prova que se formam no processo parece, por conseguinte, constituir um método epistemicamente válido e capaz de consentir uma produção objetiva, completa, controlável e confiável dos fatos cognoscitivos necessários para uma reprodução verídica dos fatos. No modelo baseado no juiz faltam ou são reduzidos os efeitos positivos de uma participação ativa das partes, não obstante o fato de a produção das provas sob controle do juiz responda melhor às exigências de uma perquirição racional e desinteressada. No modelo baseado na inquirição cruzada, pelo contrário, falta a função de controle e perquirição objetiva que deveria ser desenvolvida pelo juiz.

Cabe, neste aspecto, em que ambos os sistemas apresentam métodos epistemicamente válidos, orientar-se no sentido da busca da verdade, independentemente se pelo modo inquisitorial ou adversarial. Uma vez que ambos os sistemas permitem, sem necessidade de alterações legislativas, buscar a verdade dos fatos, sendo preciso tão somente interesse das partes nesse sentido.

---

[217] Rule 614. Court: *(a) Calling.* The court may call a witness on its own or at a party's request. Each party is entitled to cross-examine the witness. *(b) Examining.* The court may examine a witness regardless of who calls the witness. *(c) Objections.* A party may object to the court's calling or examining a witness either at that time or at the next opportunity when the jury is not present.

### 4.2.3. Da possibilidade de influência das testemunhas

Ainda que delineado a inquirição pelo juiz da causa, inquirição direta e inquirição indireta, tem-se a verificação da posição da testemunha frente ao processo.

No Brasil, tem-se a proibição de qualquer influência do advogado para com a testemunha. Ainda se revela controvertida a incriminação do advogado em falso testemunho quando orienta a testemunha a pronunciar declaração inverídica. Neste sentido, a infração tem previsão no art. 342 do Código Penal.[218]

Há discussão no delito cometido pelo advogado, existindo correntes que aceitam a coautoria no delito, enquanto outras entendem abranger o advogado que instrui a testemunha, porém, o que interessa não é a tipicidade do fato, mas sim, que a conduta de influenciar a testemunha no Direito brasileiro não é permitida.

Logo, sendo considerado uma infração legal, capaz de excluir a testemunha do processo, tem-se, ao iniciar a audiência a figura da contradita, que busca, em tese, firmar a credibilidade da testemunha.

A contradita, que deve ser apresentada antes de a testemunha prestar compromisso, poderá ser oferecida pela parte, arguindo a incapacidade, impedimento ou suspeição da testemunha. Caso acolhida a contradita, o juiz dispensará a testemunha ou tomará o seu depoimento como informante, independentemente de compromisso.

Nesse aspecto, o *Common Law* leva "vantagem",[219] vez que na *cross-examination*, há liberdade do advogado em inquirir a testemunha, podendo atacar sua credibilidade, da maneira que lhe for mais conveniente, no intuito de abalar a credibilidade do testemunho apresentado quando do *direct-examination*.

Ainda, novamente se destaca a *Rule* 614 da *Federal of Evidence*,[220] a qual permeia ideia de que essas são *party-centered*, ou seja, vinculada a uma das partes. Podem, inclusive, ser instruídas e treinadas para depor.

---

[218] Fazer afirmação falsa, ou negar ou calar a verdade, como testemunha, perito, tradutor ou intérprete em processo judicial, policial ou administrativo, ou em juízo arbitral.

[219] Críticas a *cross-examination* apresentados no subtítulo anterior.

[220] Rule 614. Court: *(a) Calling.* The court may call a witness on its own or at a party's request. Each party is entitled to cross-examine the witness. *(b) Examining.* The court may examine a witness regardless of who calls the witness. *(c) Objections.* A party may object to the court's calling or examining a witness either at that time or at the next opportunity when the jury is not present.

Consequentemente, fala-se que as testemunhas são *party-centered*, uma vez que são escolhidas e previamente instruídas e treinadas, parte que a indica. Espera-se, que as testemunhas, mesmo *party-centered*, corroborem com a busca da verdade, mas cientes que também possam dizer verdades que sustentem uma posição que mais favoreça a parte que a indicou.

Logo, tem-se na busca livre do advogado uma facilidade natural de atacar a credibilidade das testemunhas e a confiabilidade das respostas, do que no sistema brasileiro, em que o juiz com três ou no máximo quatro perguntas se dá por satisfeito, sem que haja qualquer embate, como no sistema estadunidense.

### 4.3. Da (des)necessidade de exposição completa dos fatos na inicial (*fact plending*)

Diferentemente do que se tem no Brasil, porquanto da necessidade de apresentação das alegações específicas e detalhadas do caso – possivelmente completa, quando da apresentação da demanda (*fact plending*), tem-se a desnecessidade da narrativa completa dos fatos (*notice pleanding*). Pois a completude dos fatos se dará através da *discovery*. Portanto, somente na fase anterior ao julgamento das provas pelo júri (*pre-trial*) é que as partes terão condições de apresentar a narrativa que compreenda os fatos da causa de forma ampla e completa.

Pelo *notice pleanding* tem-se um sistema em que as partes têm como requisitos enfatizar os fatos principais como uma maneira de notificar as partes de questões gerais em um caso. Ou seja, o *notice pleanding* permite que as partes elaborem a peça inaugural infirmando suas reivindicações em termos gerais, sem a necessidade de alegar os fatos detalhadamente, no intuito de sustentar cada pedido e sem se preocupar com detalhes puramente técnicos, como no *Civil Law*.

Muito do que permite o *notice pleanding, ou seja, apenas* noticiando questões gerais do fato, se tem relação com a existência do *sistema estadunidense da discovery*.

Logo, a admissão de provas nos sistemas de *Civil Law* e *Common Law*, são necessariamente distintos. Pois o momento para apresentação das provas é diverso devido à estrutura do *notice pleanding* e da *fact plending*. Assim, o sistema da *notice pleanding* possui uma fase chamada *pre-trial* (preliminar ao juízo) e o *trial*. Sendo a *discovery* o núcleo central da fase *pre-trial* (preliminar ao juízo). Tem-se, deste modo, um sistema de descoberta de provas (*discovery*).

A *discovery* permite um maior alcance do direito probatório pelas partes, na figura de seus advogados. Possui a função de permitir às partes conhecer quais elementos de prova estão na posse da outra parte. Para então, numa segunda etapa, revelar as provas que possui. Apresentada todas as provas, as partes têm à disposição o conhecimento daquilo que será apresentado em juízo. Ocorre, nesse momento, ao se ter ciência das provas da outra parte, a tentativa de acordo prévio.

No sistema da *discovery* estadunidense, inclui a possibilidade de as partes descobrirem, por todos os meios de prova relevante, os elementos de prova que poderão ser apresentados pela parte adversa. É possível também a realização de interrogatório preliminar das possíveis testemunhas, realizado, normalmente, nos escritórios dos próprios advogados.

Conforme observa Michele Taruffo, mediante o uso da *discovery*, tem-se:

> Cada uma das partes pode inspecionar cada prova real ou documental, obter informação acerca dos peritos, interrogar as outras partes, as possíveis testemunhas e peritos, além de obter declarações escritas. A única limitação diz respeito às provas afetadas por privilégios, essas insuscetíveis de serem "descobertas".[221]

Continua Michele Taruffo, após apresentar a função da *discovery*, traz a conceituação e suas regras de admissibilidade e de exclusão de provas:

> A *discovery*, é pois, um mecanismo jurídico por meio do qual os fatos são identificados e s provas são reveladas e verificadas antecipadamente por todas as partes. Tomando por base essa revelação e o "descobrimento" formal ou informal das provas, as partes selecionam os meios de provas que consideram realmente relevantes e que apresentarão em juízo. Quando o caso chega a juízo, as provas são admitidas (ou não) de acordo com os critérios gerais de relevância e admissibilidade: esses critérios aplicam-se aqui estritamente, enquanto na fase preliminar da *discovery* são admitidos mais amplamente. [...] Em geral, cada elemento de prova é admitido ou excluído quando apresentado em juízo, mediante uma decisão imediata do juiz, levando-se em consideração também as objeções levantas pelas outras partes.[222]

Tem-se, no sistema da *discovery*, um fator de distinção entre os sistemas, possível pelas características que permitem o ingresso de uma demanda, mediante petição inicial e a defesa, identifique a

---

[221] TARUFFO, Michele. *A prova*. Trad. João Gabriel Couto. São Paulo: Marcial Pons, 2014. p. 117.
[222] Ibidem, p. 117-118.

demanda proposta. Pode incluir uma descrição dos que sustentam as afirmações, não sendo necessário a definição pormenorizada dos fatos.

Já de acordo com o *fact plending*, adotado em regra em países de *Civil Law*, como no Brasil, por exemplo, tem-se a conter todos os elementos necessários para fazer apresentar suas alegações.

Especificamente, o art. 319 do Novo Código de Processo Civil, a petição inicial indicará o fato e os fundamentos jurídicos do pedido; o pedido, com as suas especificações; bem como as provas com que o autor pretende demonstrar a verdade dos fatos alegados.

Vê-se pelo acima exposto que a oralidade, ainda que controvertida, possui, em alguns aspectos, suma importância no desenvolvimento do processo como um todo.

O italiano Giuseppe Chiovenda reconhece a importância da oralidade para o bom desenvolvimento do processo, quando afirma que a experiência deduzida da história permite concluir, sem detença, que o processo oral é com ampla vantagem, melhor e mais conforme à natureza da vida moderna, pois sem comprometer a segurança da melhor decisão, assegura economia, simplicidade e presteza ao processo.[223]

No mesmo sentido, Carlos Alberto Alvaro de Oliveira afirma que o ideal seria que a prova oral fosse produzida numa única audiência, debatessem as partes perante o juiz, emitindo esse desde logo a sentença.[224]

## 4.4. Sistemas de valoração da prova e as regras de exclusão: uma visão sistemática Brasil e Estado Unidos

O processo civil moderno deve atualizar-se frente às necessidades do direito material e da nova dinâmica da sociedade contemporânea. Tampouco se duvida de que essas mudanças não dependem apenas de alterações legislativas, pois, não raras vezes, o uso mais adequado das técnicas processuais postas à disposição é capazes de preencher lacunas, que de início pareciam barreiras intransponíveis. A valoração das provas é uma dessas barreiras.

---

[223] CHIOVENDA, Giuseppe. *Instituições do Direito Processual Civil*. Vol. 3. 3. ed. São Paulo: Saraiva, 1969. p. 46.

[224] OLIVEIRA, Carlos Alberto Alvaro de; MITIDIERO, Daniel. *Curso de Processo Civil*: teoria geral do processo e parte geral do Direito processual civil. Vol. I. São Paulo: Atlas, 2010. p. 82-83.

Muitos trabalhos sobre o tema, como analisa Micheli Taruffo,[225] apenas situam suas considerações em um nível elevado de abstração e generalidades, descuidando dos problemas mais relevantes que surgem da valoração específica dos meios de prova, ou mesmo liquidam o problema em poucas linhas, fazendo referência simplesmente à convicção do juiz.

Ao passo que valorar a prova, para Jordi Nieva Fenol, é a atividade de percepção por parte do juiz dos resultados da atividade probatória que se realiza em um processo.[226] Assim, não se pode confundir valoração da prova com a sua motivação. A motivação será o documento, geralmente escrito, em que estará descrita a percepção quanto à valoração da prova.

A irracionalidade na valoração da prova testemunhal também fora objeto de análise de José I. Cafferata Ñores:

> Lamentablemente, a menudo se olvida o se minimiza la necesidad de esta apreciación científica del testimonio. En otros casos falta la capacitación técnica adecuada, que es insuficientemente sustituida por un empirismo vulgarizante. Es que "si el testimonio es viejo como el mundo, la ciencia del testimonio es tan joven como nuestro siglo XX y deberá pasar algún tiempo más todavía para que ella logre el desarrollo judicial que merece.[227]

Para tanto, que não se tenha apenas a valoração da prova em nível geral e abstrato, ao identificar os três principais sistemas de valoração da prova: da prova legal, da livre apreciação e do livre convencimento motivado, é que se passa a aprofundar o tema, além de sua necessária divisão feita em capítulo anterior.

### 4.4.1. A valoração da prova no sistema adversarial (*adversarial system*) em confronto com o sistema inquisitorial (*inquisitorial system*)

Para compreender a valoração da prova nos Estados Unidos da América, inicia-se pela sua concepção *adversarial* do processo (*adversarial system*). Enquanto no Brasil, tem-se, predominantemente uma visão de direito inquisitorial (*inquisitorial system*).

---

[225] Michele Taruffo prefaciando o livro de. FENOLL, Jordi Nieva. *La valoracion de La prueba*. Madrid: Marcial Pons, 2010. p. 15.
[226] FENOLL, Jordi Nieva. *La valoracion de La prueba*. Madrid: Marcial Pons, 2010. p. 34.
[227] ÑORES, José I. Cafferata. *La prueba en el proceso penal*: con especial referencia a la ley 23.984. 3. ed. actual. y ampl. Buenos Aires: Depalma, 1998. p. 120.

Outra denominação comum para estes distintos preceitos, são chamados de sistema centrado nas partes (*adversarial system*) e sistema centrado no juiz (*inquisitorial system*).

O sistema inquisitorial é mais frequente em países de *Civil Law*, enquanto o sistema adversarial é comum aos países de *Common Law*.

No sistema inquisitorial tem na figura do juiz, como parte ativamente envolvida na investigação dos fatos do caso. Já no sistema *adversarial* o papel do juiz é essencialmente a de um árbitro imparcial entre as partes.

A ideia de direito baseado no sistema adversarial é à base de quase todo o processo norte-americano. Como anteriormente visto, se no sistema *adversarial* o papel do juiz é essencialmente a de um árbitro, a figura dos advogados das partes ganha importância. Vez que, pela *direct* e pela *cross-examination*, quem inquire são os advogados, com enormes poderes para formular as perguntas na ordem que julguem mais eficaz para obtenção do testemunho.

A ideologia do sistema adversarial, relata Michele Taruffo, com base em Robert Kagan, possui vínculo direto com a cultura estadunidense, nos seguintes termos:

> O valor de fundo sobre a qual se radica essa ideologia é – evidentemente – um tipo de individualismo competitivo e aquisitivo, segundo esse, seria a luta do particular para a apropriação e a defesa de seus bens (em contraste com outros indivíduos que também perseguem seus interesses egoístas) que determinaria todo os aspectos da dinâmica social, econômica e jurídica. Essa ideologia está profundamente radicada na cultura social estadunidense, da qual, aliás, representa o aspecto mais comum e mais característico.[228]

Pois bem, nesse contexto, o sistema adversarial prega que o único meio para se resolver o conflito é mediante o confronto entre os sujeitos envolvidos no conflito.

Ao passo que o juiz, na condição de árbitro, como um terceiro imparcial, deve limitar-se à verificação da obediência ao regramento, mas não interferindo no processo, a não ser que as partes suscitem um conflito, quando então agirá.

A crítica que se tem frente ao sistema adversarial, é que em muitos casos a solução pelo conflito deixa em segundo plano a busca da reconstrução dos fatos, ou seja, da verdade. Tem-se o êxito, conforme melhor ou pior atuação das partes no processo, logo, há quase uma

---

[228] TARUFFO, Michele. *Uma simples verdade.* O juiz e a construção dos Fatos. Trad. Vitor de Paula Ramos. São Paulo: Marcial Pons, 2012. p. 131.

absoluta irrelevância pela verdade (e, até mesmo pela falsidade) da apuração dos fatos.

O espírito competitivo da sociedade americana é conhecido, razão pela qual, não é por acaso que se tem o modelo adversarial como inspiração, também, no meio jurídico.

O pronunciamento do júri cível do *Common Law* face ao pronunciamento do juiz de *Civil Law* deve ser destacado. A decisão do júri é realizada em sala fechada (*jury room*), mediante a interpretação das versões levantadas no tribunal. Entretanto, diante da desnecessidade de fundamentação, não há como saber se a decisão foi baseada numa ou noutra versão, ou mesmo numa terceira versão criada pelos próprios jurados enquanto confinados.

Michele Taruffo crítica a ideia de Richard Posner, que sustenta ser júri um *trier of fact* adequado, sobretudo porque doze cabeças (treze se contar também a do juiz), são melhores do que uma. Para Michele Taruffo:

> Todavia, o argumento é inconsistente, se doze cabeças raciocinam mal, e somente a décima terceira raciocina bem. Além disso, seria preciso dizer que um júri composto por somente seis jurados, frequentemente usado porque mais prático, decidiria pior que em relação ao júri tradicional composto por doze jurados, e que um júri composto por vinte e quatro jurados, raciocinaria duas vezes melhor... e assim por diante.[229]

Nesse contexto, é possível se compreender a crítica, vez que Michele Taruffo não se atém neste ponto, tão somente. É explícito ao afirmar que se o júri decidisse com base em "cara ou coroa", por estarem na *jury room*, tal motivação jamais viria a público, sendo a decisão da "moeda" a verdade dos autos. E, portanto, resultaria no êxito de uma parte e na derrota de outra, totalmente independente da busca pela verdade dos fatos.

O que o júri, em tese, composto por cidadãos americanos, leigos, dispondo das *instructions*, ou seja, de limites que o juiz dá ao júri como forma de orientar a decisão.

As *instructions* têm como base legal na *rule* 51 da *Federal Rules of Civil Procedure*, que determina os deveres do tribunal em fornecer informações ao júri, fornecendo um contorno natural, de modo que os argumentos podem ser direcionados para as questões dos fatos essenciais a qual o júri deve decidir.

---

[229] TARUFFO, Michele. *Uma simples verdade*. O juiz e a construção dos Fatos. Trad. Vitor de Paula Ramos. São Paulo: Marcial Pons, 2012. p. 290.

A instrução passada ao júri, ainda conforme a *rule 51*, deverá antes ser apresentada para as partes e seus defensores, podendo estes se oporem aos questionamentos. Em havendo oposição, caberá ao juiz decidir pela pertinência, ou não, da oposição.

Trata-se, enfim, de estabelecer critérios de e instrução a fim de direcionar o júri no sentido correto de valoração das provas e, portanto, com o fim de formular veredictos corretos.

Ainda assim, mesmo com a indicação de critérios – *instructions*, não há qualquer possibilidade de verificação quanto a obediência do júri a estes pontos previamente estabelecidos, pois, como já afirmado, o veredicto do júri independe de motivação.

Já nas decisões do juiz do *Civil Law*, deverá existir uma narrativa lógica dos fatos apresentando claramente, as justificativas, mediante argumentos jurídicos adequados que demonstrem a opção de decidir do juízo.

Consequentemente, nas decisões baseadas no sistema adversarial do *Common Law*, as partes não perseguem a descoberta e apuração da verdade dos fatos, mas buscam a vitória na controvérsia, servindo-se do Direito probatório para demonstrar aquilo que lhe é favorável.

Resta claro que o confronto entre as partes não é de fato um bom método para o descobrimento da verdade dos fatos, ao passo, também, possam as partes possuir interesse na busca da verdade, e a disputa ocorra neste sentido. Porém, certo é que ambas as partes que não tenham qualquer interesse com a verdade possam, mediante a disputa dialética, surgir uma reconstrução verídica dos fatos.

Contudo, mediante os diversos aspectos acima abordados, na qual evidenciou-se o propósito do júri e os modelos de decisão do *Civil Law* e do *Commom Law*, verificam-se fatores de importante distinção entre os sistemas.

Nesse aspecto, para o jurista do *Civil Law*, alerta Michele Taruffo, em particular na perspectiva epistêmica, aqueles aspectos podem parecer dificilmente compreensíveis ou até mesmo criticáveis, por determinarem a impossibilidade substancial de que o júri desempenhe verdadeiramente uma função orientada à apuração da verdade dos fatos.[230]

---

[230] TARUFFO, Michele. *Uma simples verdade*. O juiz e a construção dos Fatos. Trad. Vitor de Paula Ramos. São Paulo: Marcial Pons, 2012. p. 221.

### 4.4.2. As regras de exclusão

Partindo da premissa de um procedimento de análise de provas no mundo ideal, a ideia da relevância seria suficiente para quais as informações úteis e relevantes ao processo, bem como quais deveriam ser excluídas – portanto, inúteis ao processo, sempre visando a maximizar a eficácia do procedimento para obtenção de conclusões verídicas.[231]

Dentro desta ideia, todas as provas potencialmente úteis e relevantes deveriam ser admitidas. Ocorre que nem todos os elementos de provas relevantes serão admissíveis.

A exclusão das provas relevantes ocorre em uma variedade de situações e pode ser requerida, não só de acordo com as *Federal Rules of Evidence*, mas também de acordo com as *Federal Rules of Civil Procedure, bem como* em resposta às demandas de determinadas políticas, as quais exigem a exclusão das provas, apesar da sua relevância.

Tem-se, que toda prova relevante é admissível, mas com algumas exceções, constituem a base sobre a qual a estrutura de admissão e exclusão

Desse modo, verificar-se-ão as regras de exclusão, como sendo aquelas que limitam a prova obtida em razão de outros valores, que não a busca da verdade, estão presentes em ambas as famílias – *Civil Law e Common Law*.

Na concepção de Jeremy Bentham, a prova deveria ser reduzida vantajosamente ao princípio segundo o qual toda e qualquer prova relevante deveria ser considerada admissível.[232] Tal concepção fora criticada, vez que, mesmo com a admissão de todos os elementos do conhecimento, isso não garantiria a descoberta da verdade.[233]

As regras de exclusão, visto ter tratamento tanto nos países de *Civil Law* como nos do *Common Law,* o que pode parecer um ponto de similitude entre os sistemas.

Nesse aspecto, destaca Mirjam Damaška, que as regras de proibição do uso das provas ilegalmente obtidas não são exclusivas dos

---

[231] TARUFFO, Michele. *Uma simples verdade.* O juiz e a construção dos Fatos. Trad. Vitor de Paula Ramos. São Paulo: Marcial Pons, 2012. p. 169.

[232] BENTHAM, Jeremy. *Apud* TARUFFO, Michele. *Uma simples verdade.* O juiz e a construção dos Fatos. Trad. Vitor de Paula Ramos. São Paulo: Marcial Pons, 2012. p. 170.

[233] TARUFFO, Michele. *Uma simples verdade.* O juiz e a construção dos Fatos. Trad. Vitor de Paula Ramos. São Paulo: Marcial Pons, 2012. p. 170.

países do *Common Law*.²³⁴ Como exemplo, a ideia de que ninguém é obrigado a responder uma pergunta autoincriminatória, pode-se citar a 5ª Emenda²³⁵ da Constituição americana e o artigo 5º, inciso LXIII,²³⁶ da Constituição Federal do Brasil.

Tais regras, as quais proíbem o uso de provas obtidas ilegalmente, apareceram pela primeira vez no direito continental, e foram rapidamente aceitas – por mais estranho que pareça – no processo penal inquisitório do *ancien regime*,²³⁷ em razão de que essa forma de obtenção inadequada da informação comprometia sua confiabilidade.

Continua Mirjam Damaška, que somente após a Segunda Guerra Mundial, ganhou força a ideia de que alguns tipos de provas ilícitas não deveriam ser utilizadas em juízo, ainda que dotadas de valor probatório, em razão de proteger outros valores não relacionados com a preocupação por alcançar, com exatidão, a determinação dos fatos.

Em ambos os sistemas, têm-se as regras de exclusão da prova ilícita, ou inadmissível, demonstra que o processo não está a buscar a verdade acima da própria lei. Pois, acima do interesse do auto, sobrepõe-se a defesa da integridade e privacidade da pessoa do réu.²³⁸

As regras de exclusão, desse modo, têm grande influência na valoração das provas, uma vez que a exclusão de uma prova, ainda que corresponda com a realidade, deverá ser excluída da demanda, por razões de ordem processual.

Nos Estados Unidos da América, o desenvolvimento dessa regra fora antecipado pela Suprema Corte, conforme os julgamentos anteriormente comentados (*Boyd v. United States* e *Weeks v. United States*).

No sistema do *Common Law*, ainda que se tenham poucas regras, as que existem não têm como finalidade aumentar a precisão

---

²³⁴ DAMAŠKA, Mirjan R. *El derecho probatorio a la deriva*. Trad. Joan Picó i Junoy. Madrid: Marcial Pons, 2015. p. 30.

²³⁵ *Amendment 5 – Trial and Punishment, Compensation for Takings*: No person shall be held to answer for a capital, or otherwise infamous crime, unless on a presentment or indictment of a Grand Jury (...)

²³⁶ o preso será informado de seus direitos, entre os quais o de permanecer calado, sendo-lhe assegurada a assistência da família e de advogado;

²³⁷ Nesse ponto, Mirjam Damaška comenta o caso de um famoso advogado do século XVI, Farinacci, que usou desta argumentação num caso de homicídio, em que a prova para condenação do acusado mediante aplicação ilegal da tortura judicial. DAMAŠKA, Mirjan R. *El derecho probatorio a la deriva*. Trad. Joan Picó i Junoy. Madrid: Marcial Pons, 2015. p. 30.

²³⁸ TESHEINER, José Maria Rosa. THAMAY, Rennan Faria Krüger. *Teoria Geral do Processo*: em conformidade com o novo CPC. Rio de Janeiro: Forense, 2015. p. 76.

dos fatos, mas sim, impor restrições à busca da verdade em função de razões extrínsecas, de políticas legislativas. Um exemplo bastante comum é a proibição do uso dos antecedentes penais cancelados, destinado a promover a reabilitação dos infratores.[239]

Tal regra se justifica, uma vez que seria inapropriado presumir-se uma pessoa culpada com base em seus antecedentes. Até porque, se diferente fosse a regra, aquele declarado culpado, mesmo que uma única vez, teria como perpetuado sua conduta. Uma pessoa culpada no passado não é necessariamente culpada de um delito conexo. Pelo contrário, pode não haver relação alguma. Contudo, se levado em conta o delito precedente, tem-se por si só uma valoração possivelmente viciada.

Ao passo que, em linhas gerais, cita Michele Taruffo, seria possível dividir as regras de exclusão em duas grandes categorias de acordo com a função a que se destinam, sendo que a primeira categoria inclui normas que visam a desempenhar, de maneira exclusiva ou não, uma função epistêmica. Essas parecem ter o fim de prevenir ou evitar erros e incompreensões na determinação do valor de determinadas provas, por parte do sujeito ou do órgão que deve formular a decisão final sobre os fatos. E a segunda categoria inclui normas de exclusão que não têm qualquer finalidade epistêmica, visto que não visam a favorecer a descoberta da verdade; são destinadas a que se alcancem fins de outra natureza (mais ou menos relevantes, de acordo com o caso), mas nada tem a ver com a correta apuração dos fatos.[240]

Essa bipartição, tão clara no plano teórico, pode ser obscura na prática, pois um fim não exclui necessariamente o outro, conforme verifica José Maria Tesheiner:[241]

> Considere-se, por exemplo, a regra do Direito norte-americano, que exclui o caráter do réu como elemento comprobatório de um crime de que é acusado. Observou o juiz J. Cardozo em People v. Zackowitz (Court of Appeals of New York. 254 N. Y. 192 (1930): O princípio que baseia a exclusão não provém da lógica, mas de uma política. Pode ser forte a inferência de que um réu briguento mais facilmente começa uma briga do que um cidadão pacífico; um homem com um modo de vida perigoso mais do que um tímido recluso. A Lei não é cega a essa consideração, mas também

---

[239] DAMAŠKA, Mirjan R. *El derecho probatorio a la deriva*. Trad. Joan Picó i Junoy. Madrid: Marcial Pons, 2015. p. 33.
[240] TARUFFO, Michele. *Uma simples verdade*. O juiz e a construção dos Fatos. Trad. Vitor de Paula Ramos. São Paulo: Marcial Pons, 2012. p. 171.
[241] TESHEINER, José Maria. Regras de exclusão no Direito probatório norte-americano. *Civil Procedure Review*, v.5, n.3: 75-100, sept.-dec., 2014. p. 78-79.

não é cega ao perigo a um inocente de se aceitar o caráter de alguém como prova do crime.[242]

Tem-se como exemplo da primeira categoria no *Civil Law* a proibição existente no Novo Código de Processo Civil – art. 443, quando ao juiz cabe indeferir a inquirição de testemunhas sobre fatos já provados por documento ou confissão da parte, ou àqueles que só por documento ou por exame pericial puderem ser provados.

Objetivamente, demonstra o legislador ao intérprete não uma vedação do uso da prova testemunhal ao contrato, mas uma preocupação no sentido de haver dois valores distintas sobre o mesmo objeto – no caso o contrato. Ou seja, a ideia, ainda que corriqueira, de evitar provas dúbias, frente a provas confiáveis.

Essa preocupação do legislador, em buscar maior segurança nas provas fim de prevenir erros e incompreensões na determinação do valor de determinadas provas, também acarreta no Direito brasileiro outros tipos de exclusão, tais como a exclusão do testemunho daquele menor de 16 (dezesseis) anos (art. 447, § 1º, III, do NCPC).

Ademais, outros exemplos de regras de exclusão do sistema do *Civil Law* foram caracterizados por fatores epistêmicos, conforme abordado no item específico (2.7.1 do presente trabalho).

Já no ordenamento do *Common Law*, mais especificamente no caso do Direito estadunidense, desenvolveu uma série de regras destinadas a impedir que os jurados, porque leigos e sem o domínio da técnica, lancem mão de inferências indevidas, criou um longo rol de exceção à regra da relevância estabelecida na *Rule* 401, sendo uma prova relevante quando se: (a) tende a tornar um fato mais ou menos provável do que sem ela o seria; (b) o fato é relevante para o julgamento da ação.

E o início da base legal para as regras de exclusão no Direito estadunidense repousa na *Federal Rules of Evidence* nº 403 (*Excluding Relevant Evidence for Prejudice, Confusion, Waste of Time, or Other Reasons*):

> The court may exclude relevant evidence if its probative value is substantially outweighed by a danger of one or more of the following: unfair prejudice, confusing the issues, misleading the jury, undue delay, wasting time, or needlessly presenting cumulative evidence.

---

[242] There may be cogency in the argument that a quarrelsome defendant is more likely to start a quarrel than one of milder type, a man of dangerous mode of life more likely than a shy recluse. The Law is not blind to this, but equally is not blind to the peril to the innocent if character is accepted as probative of crime.

Pode-se observar que essas podem limitar ou condicionar de modos diferentes a busca da verdade. Importante frisar, que isso não necessariamente significa a busca por uma verdade do processo, distinta da que se poderia observar fora do processo.

Implica dizer que em um processo em que vigem normas limitadoras (*v.g. exclusionary rules*) da possibilidade de uso de todas as provas relevantes, ter-se-á uma verdade limitada, incompleta, ou mesmo, sem verdade alguma.

O ordenamento jurídico estadunidense também prevê regras de exclusão, não baseadas no fato de possíveis erros na valoração da prova, como aquelas que dizem respeito ao sigilo, privilégios ou nas *immunities* do Direito americano.

Na condição de regra geral, verifica-se na *Rule* 501 da *Federal Rules of Evidence,* permitindo uma definição bastante ampla dos privilégios existentes, pois indica que a lei comum – tal como interpretado pelos tribunais dos Estados Unidos, à luz da razão e da experiência – governa uma reivindicação de privilégios, salvo disposições em contrário.

Na *Rule* 502 da *Federal Rules of Evidence* tem-se o tratamento do privilégio advogado-cliente. Tal regra visa a proporcionar um conjunto previsível das consequências de uma divulgação de uma comunicação ou informações abrangidas pelo sigilo advogado-cliente.

Outro aspecto relevante tem-se na *Rule 601* das *Federal Rules of Evidence,*[243] na qual determina que toda pessoa é competente para ser uma testemunha, salvo disposição em contrário desta regras.

Um dos efeitos da regra como proposto teria sido de abolir a idade, a capacidade mental, e outras razões reconhecidas em algumas jurisdições estatais, como por exemplo, como fazer uma pessoa incapaz de testemunha.

Assim, aboliram, como forma de incompetente a ser testemunhas, motivos como, a crença religiosa, convicção do crime, a ligação com o litígio, parte interessada ou cônjuge da pessoa interessada. Tem-se ainda a exceção do *The Dead Man's Acts.*

O Estatuto do homem morto (*The Dead Man's Acts*) foi concebido no intuito de evitar perjúrio nos casos cíveis, proibindo a testemunha de depor sobre conversas ou transações que afrontem a pessoa do falecido.

---

[243] Every person is competent to be a witness unless these rules provide otherwise. But in a civil case, state law governs the witness's competency regarding a claim or defense for which state law supplies the rule of decision.

Esta proibição aplica-se apenas em face da testemunha que tenha interesse no resultado da causa e bem como o depoimento será em seu favor contra os interesses da pessoa falecida.

Outro exemplo bastante pertinente é a exclusão da testemunha do "ouvir dizer" (*hearsay* – *Federal Rules of Evidence* – *Rules* 801 a 807). Tal regra de exclusão, conforme Michele Taruffo, é a questão mais importante na regulação anglo-americana de admissibilidade da prova testemunha, é a bem conhecida *hearsay say rule*, que tem sido considerada a *regra mais característica do direito probatório anglo-americano*, mas também "um pilar do sistema de regras de exclusão próprio do passado".[244]

A *Rule* 801 das *Federal Rules of Evidence* define o que é e o que não é *hearsay* com a finalidade de admitir uma declaração anterior como prova substancial. Neste sentido, a declaração prévia de uma testemunha em um julgamento ou audiência que é incompatível com o seu testemunho atual, é claro, sempre admissível para fins de acusar a credibilidade da testemunha.

A exclusão do testemunho "indireto", "de relato" ou "de ouvir dizer" possui o intuito de evitar a oitiva, pelo júri, de uma testemunha que não presenciou o ato, portanto carecendo de credibilidade, já que não se tem como se apurar o valor da testemunha original.

Outro ponto de destaque porquanto da exclusão da testemunha de *hearsay*, é que a parte adversa não tem como submeter a testemunha secundária ao crivo da credibilidade das palavras da testemunha original.

Ou seja, a testemunha do "ouvi dizer" carrega consigo toda carga de influência da testemunha original, somada às suas próprias influências. O resultado, assim, da testemunha final, é um tanto quanto temeroso do ponto de vista legal. Pode-se dizer, assim, que a principal função da norma de exclusão do *hearsay*, é a de permitir a busca da verdade. Ainda que vá de encontro a ideia conceitual do direito estadunidense.

Porém, tem-se que a *Rule* 801 desenvolveu-se, gerando um conjunto extremamente complexo de regras de exclusão.

A regra geral foi mantida pela *Rule* 802 da *Federal Rules of Evidence*, a qual determina que o *hearsay* não é admissível, salvo disposições em contrário.

---

[244] TARUFFO, Michele. *A prova*. Trad. João Gabriel Couto. São Paulo: Marcial Pons, 2014. p. 40.

Há, porém, numerosas exceções à proibição do ouvir-dizer, entre as quais a Regra 803 da *Federal Rules of Evidence*, alegadamente fundada no fato de que, em certas circunstâncias, uma declaração pode oferecer tais garantias de veracidade que justificam a dispensa de confirmação por aquele a quem se atribui a declaração, ainda que isso fosse possível.[245]

As Regras 804 e 807 também da *Federal Rules of Evidence* apresentam outras exceções à inadmissibilidade do testemunho indireto.

Porém, é de se destacar que o testemunho indireto ainda é inadmissível, ainda que não menos de vinte e três[246] tipos de declaração de relato sejam admissíveis, conforme estabelece a *Rule* 803 da *Federal Rules of Evidence*.

Ademais, José Maria Tesheiner traz de forma elucidativa outros exemplos de regra de exclusão, frente às *Rules* 407, 408, 409 e 410:

> Em casos de dano causado por coisa, a Regra 407 proíbe a prova de medidas ulteriores tomadas pelo réu, para comprovar negligência, conduta culposa, defeito do produto ou de seu *design* ou a necessidade de aviso ou instrução. Observa Best que a regra não se funda na irrelevância dessa prova, mas numa política de não desestimular medidas de segurança do produto. Em nossa sistema, não seria reprovável uma sentença que afirmasse culpa do réu ou defeito do produto "tanto que posteriormente tratou de modificá-lo", entre outras razões. Todavia, do ponto de vista lógico, fatos posteriores não influem na causalidade de fatos anteriores, motivo por que parece melhor não se lançar mão de uma inferência tão perigosa.
>
> A regra 408 proíbe que declarações, ofertas, aceitação ou recusa feitas em negociações para acordo ou transação sirvam de prova para comprovar a procedência ou o valor de uma reclamação. O propósito, segundo Best (p. 23), seria o de não desestimular acordos e, portanto, as necessárias negociações. A regra pode, porém, ser justificada em termos de pura lógica, porque fatos posteriores não influem na causalidade de fatos anteriores. Ademais, a parte pode julgar-se culpada, ainda

---

[245] FISHER, George. *Evidence*. 3. ed. USA: Foundation Press, 2013. p. 511.

[246] Excluem-se da proibição de por ouvir dizer, seja ou não possível o depoimento do declarante como testemunha, as seguintes declarações (resumidamente): (1) Impressões dos sentidos atuais; (2) Expressões de excitação; (3) Condição mental, emocional ou física então existente; (4) Declaração feita para diagnose medica ou tratamento; (5) Lembranças anotadas; (6) Registros de uma atividade regulamente conduzida; (7) Ausência de registro de uma atividade regularmente conduzida; (8) Registros públicos; (9) Registros públicos de estatísticas demográficas; (10) Ausência de um registro público; (11) Registros de organizações religiosas relativas à história pessoal ou familiar; (12) Certificados de casamento, batismo e cerimônias similares; (13) Registros familiares; (14) Registros de documentos relativos a propriedades; (15) Declarações em documentos relativos a um interesse em propriedade; (16) Declarações em documentos antigos; (17) Relatórios de mercado e publicações comerciais similares; (18) Afirmações em livros de ensino, periódicos ou panfletos; (19) Reputação pessoal ou familiar; (20) Reputação sobre divisas ou histórico geral; (21) Reputação relativa a caráter; (22) Prévia condenação; (23) Julgamentos envolvendo histórico pessoal, familiar ou geral, ou divisas. Traduzidos por Tesheiner, José Maria. *Regras de exclusão no Direito probatório norte-americano*. Civil Procedure Review, v.5, n.3: 75-100, sept.-dec., 2014. p. 87-91.

que tenha agido sem culpa. Pode também propor um acordo simplesmente para não mais se incomodar com o assunto. Observa-se, pois, que é diminuto o valor probante de prova tão equívoca.

A regra 409 declara inadmissível comprovação da responsabilidade do réu mediante prova de que ele pagou despesas medicas com o tratamento da vitima. Independentemente do desestímulo que essa prova poderia representar, observa-se mais uma vez que fatos posteriores não entram na cadeia causal de fatos anteriores. Ademais, os pagamentos podem ser efetuados por razões humanitárias. Trata-se de regra que merece ser observada, mesmo porque mínimo seu valor probatório.

Argumentação semelhante pode ser feita a respeito da regra 410, que garante o sigilo de negociações com o Ministério Público em ações criminais. A regra admite, entretanto, a prova de confissão feita pelo acusado, a um terceiro, como um policial. Não se duvida do valor probante, ainda que não conclusivo, da confissão feita pelo acusado, seja ao órgão da acusação, seja a terceiro. A proibição, no primeiro caso, atende à política de facilitar às negociações. Trata-se de uma declaração a respeito de um fato passado, tanto quanto a declaração de uma testemunha e nisso distingue-se da inferência extraída de fato posterior não-declarativo, como a fuga.

Trata-se, aí, da prova de fatos indiciários, que têm, sim, valor probatório, ainda que não conclusivos, são excluídos da apreciação dos jurados, exatamente para evitar que sejam havidos como tais.[247]

Cabe ressaltar recente decisão da Suprema Corte dos Estados Unidos da América, de 14 de janeiro de 2009, caso Herring v. United States veio consagrar a chamada "regra da exceção da boa-fé da conduta policial" (*good-faith exception to the exclusionary rule*).

Com efeito, conforme viu-se, todas as provas relevantes (tanto no *Civil Law* como no *Common Law*) deveriam ser admitidas. Salvo a existência de uma norma específica que ordene a sua exclusão. Colocando em segundo plano, a busca pela verdade. Porém, garantindo as partes, a não invasão em suas garantias legais e abuso de direito, para fins de "supostamente" alcançar uma justa decisão.

### 4.4.3. A valoração da prova como base no sistema legal estadunidense

A principal função das provas é a de oferecer ao julgador informações confiáveis acerca da verdade dos fatos em litígio. De certa forma, portanto, decidir sobre os fatos significa resolver incertezas e determinar, a partir dos meios de provas apresentados, um enunciado de resolução do conflito.

---

[247] Tesheiner, José Maria. Regras de exclusão no Direito probatório norte-americano. *Civil Procedure Review*, v.5, n.3: 75-100, sept.-dec., 2014. p. 82.

Deste modo, para que se possa corretamente valorar a prova conforme o Direito estadunidense, cabe a verificação de algumas normas.

Quanto às regras que concerne à admissão, à produção e à valoração das provas, no direito estadunidense, a verificação das Regras 401 e 402 das *Federal Rules of Evidence,* ao tratarem das provas relevantes e admissíveis no processo.

A Regra 401 das *Federal Rules of Evidence (Test for Relevant Evidence)*[248] afirma que uma prova é relevante se: (a) tende a tornar um fato mais ou menos provável do que sem ela o seria; (b) o fato é relevante para o julgamento da ação. Ou seja, é com base nesta regra, que tem-se um critério fundamental de seleção de todas as provas admissíveis.

A *Federal Rules of Evidence* nº 402 (*General Admissibility of Relevant Evidence*)[249] afirma que todos os elementos de prova são admitidos, salvo disposição em contrário. Poder-se-ia, assim, inferir que as provas relevantes serão sempre admissíveis. Tal inferência lógica não condiz com a realidade.

A Regra 402 funciona como uma espécie de norma inclusiva, enquanto as disposições específicas têm por objeto a exclusão de alguns elementos de provas que serão tidos como exceção à regra geral.

Ademais, o juiz estadunidense, nos termos da *Rule* 706, poderá nomear um perito para verificação de controvérsias não resolvidas pelas partes, ou mesmo, as quais estas não tenham interesse de mostrar em juízo.

Ocorre, como já verificado, o juiz da *Commom Law* tende a ser imparcial para com a solução do litígio, logo, o uso de perito do juiz é uma regra praticamente inócua no sistema estadunidense.

E mais, outro fator que corrobora para pouca utilização de perito no sistema estadunidense repousa na *cross-examination*. Pois não é de se surpreender que renomados peritos, de alto conhecimento técnico, se recusem a depor, vez que por mais precisas que sejam suas conclusões, poderá o advogado da parte que o laudo lhe for desfavorável, atacar não só a opinião do *expert*, como questões pessoais deste.

---

[248] Evidence is relevant if: *(a)* it has any tendency to make a fact more or less probable than it would be without the evidence; and *(b)* the fact is of consequence in determining the action.

[249] Relevant evidence is admissible unless any of the following provides otherwise: the United States Constitution; a federal statute; these rules; or other rules prescribed by the Supreme Court. Irrelevant evidence is not admissible.

Tem-se, dentro desse contexto, a valoração da prova como a finalidade de se estabelecer a conexão final entre os meios de prova apresentados e a veracidade ou falsidade dos enunciados apresentados.

Para Michele Taruffo, valorar a prova significa:

> Estabelecer se e em que grau as provas disponíveis ao julgador sustentam uma conclusão sobre o *status* epistêmico final desses enunciados. Essa definição centra-se no resultado da valoração da realizada pelo julgador: um enunciado de fato é provado, quando, com base em elementos de prova, considera-se verdadeira. Assim, um enunciado de fato é verdadeiro quando devidamente demonstrado por meio de provas produzidas perante o tribunal. Do mesmo modo, um enunciado de fato não é provado em razão de não haver meios de prova que o sustentam, ou quando apesar de sua existência, esse forem insuficientes para embasar uma conclusão relativa à verdade do enunciado a que se referem, tal enunciado também será considerado falso.[250]

Ademais, com o propósito de se esclarecer algumas características do raciocínio que o julgador necessita efetuar e com quais as premissas que este se utiliza, é que se têm os *standards* do convencimento.

### 4.4.3.1. Standards

A relatividade do valor da prova faz ressaltar a imprescindibilidade de uma compreensão adequados *standards* probatórios, especialmente na doutrina estadunidense, que tem na figura do júri seu *trier of fact*.

Para Michele Taruffo, na abordagem usual do problema de como o julgador deve determinar o valor probatório dos meios de prova, faz-se com frequência vaga e geral ao senso comum, à experiência comum, à razoabilidade ou à racionalidade, sem que definam critérios mais precisos ou mais específicos.[251]

De acordo com Danilo Knijnik, tem-se, por modelo de controle do juízo de fato (ou *standards*, critérios, etc.) provisoriamente definimos enunciações teóricas capazes de ensejar o controle da convicção judicial objeto de uma determinada decisão).[252]

---

[250] TARUFFO, Michele. *A prova*. Trad. João Gabriel Couto. São Paulo: Marcial Pons, 2014. p. 130.
[251] Ibidem, p. 135.
[252] KNIJNIK, Danilo. Os "standards" do convencimento judicial: paradigmas para o seu possível controle. Disponível em <http://www.abdpc.org.br/abdpc/artigos/Danilo%20Knijnik%20-%20formatado.pdf>. Acesso em dez/2016.

Nessa linha, continua Danilo Knijnik:

> O emprego dos modelos de constatação ou standards permite que se traga ao debate, regrado e inteligível, critérios decisionais importantes (p. ex., o optar o juiz por um indício ou outro, o entender subjetivamente insuficiente a prova produzida, o pretender a parte a prevalência de determinada interpretação ou inferência, etc.), que, até então, não possuíam um código comum e, de certo modo, ficavam à margem de uma decisão crítica

Consequentemente, a verificação de alguns *standards* na doutrina estadunidense se faz necessária, já que a sua larga utilização traz alguns aspectos distintos da livre convicção motivada.

Nesse passo, podemos citar três *Standard of Proof*, quais sejam: (a) Preponderância da Prova (*Preponderance of Evidence*); (b) Além da dúvida razoável (*Beyond a reasonable doubt*); e (c) Prova clara e convincente (*Clear and convincing evidence*).

### 4.4.3.1.1. *Standards* da preponderância da prova (*Preponderance of Evidence*)

Um primeiro *standard* comum nos países de *Common Law* é o da preponderância da prova. Essencialmente, esse *standard* estabelece que, quando sobre um fato existirem provas conflitantes, o julgador deverá verificar as probabilidades relativas às diferentes versões apresentadas em juízo fazer uma escolha em favor daquela que lhe parecer mais provável.

Na concepção de Michele Taruffo, o *standard* da preponderância da prova é um meio racional de tomada de decisão:

> Tal *standard* é obviamente racional, uma vez seria irracional permitir ao julgador escolher a versão dos fatos mais debilmente sustentada pelos meios de prova: é claro que a versão relativamente "mais forte" deve prevalecer sobre a relativamente "mais fraca".[253]

Continua Michele Taruffo:

> Ademais, podem-se elencar várias razões outras razões em favor desse standard, como por exemplo, sua capacidade de minimizar erros prováveis na tomada das decisões, bem como, fazer cumprir o princípio da igualdade das partes no processo civil.[254]

---

[253] TARUFFO, Michele. *A prova*. Trad. João Gabriel Couto. São Paulo: Marcial Pons, 2014. p. 135.
[254] Idem.

Têm-se também fatores negativos referentes ao *standard* da Preponderância da Prova (*Preponderance of Evidence*), quando, por exemplo, todos os elementos de prova possuírem um baixo nível de confiabilidade, logo escolher o "mais provável" não será suficiente para estabelecer a busca pela verdade.

Ou seja, o critério da lógica preponderante consiste, na realidade, na combinação de duas regras: a regra do "mais provável do que não" e a regra da probabilidade. Sendo que a regra do "mais provável do que não" impõe que acerca de cada enunciado se considere a eventualidade de que esse possa ser verdadeiro ou falso. Já a regra da "preponderância relativa" refere-se à hipótese na qual acerca do mesmo fato existam diversas hipóteses, ou seja, diversos enunciados que narram o fato de formas distintas e que tenham recebido alguma confirmação positiva das provas produzidas no processo, de forma que as hipóteses negativas preponderantes não importam.[255]

Portanto, não basta que uma versão, ou um elemento de prova, seja a mais provável, será necessário também, que sua afirmação seja melhor que sua negação.

### 4.4.3.1.2. *Standards* da "além da dúvida razoável" (*Beyond a reasonable doubt*)

Já o *standard* que verifica as situações da dúvida razoável (*Beyond a reasonable doubt*), funda-se na ideia de que a sociedade julga ser preferível um culpado ser absolvido do que um inocente ser havido por culpado.

Um dado interessante é que o modelo da *evidence beyond a reasonable doubt* não deve ser utilizado em casos *não criminais*. De igual forma, ainda que não aplicável aos casos cíveis, presente *standard* tem fundamental importância no sistema norte-americano.

Como mencionado, esse *standard* tem um caráter nitidamente ético, quando faz a opção de preferir que muitos culpados sejam inocentados, em razão da possibilidade de se condenar um inocente.

Ao passo que Michele Taruffo afirma que para aplicação desse critério é necessário, portanto, que se demonstre além de qualquer dúvida razoável não só a afirmação relativa ao fato indicado como efeito, mas também a existência de uma lei de cobertura idônea para

---

[255] TARUFFO, Michele. *A prova*. Trad. João Gabriel Couto. São Paulo: Marcial Pons, 2014. p. 297.

fundamentar a inferência por meio da qual se afirma a existência de um nexo causal específico.[256]

Tem-se, de acordo com esse *standard*, que a culpa imputada ao réu no processo seja demonstrada em alto grau de confiabilidade, sob pena de se ter um culpado declarado inocente.

### 4.4.3.1.3. *Standards* da Prova clara e convincente (*Clear and convincing evidence*)

O reconhecimento de que em diversas situações não era possível a utilização da preponderância da prova, bem como, com o alto grau de certeza exigido pelo *standard* da dúvida razoável (*Beyond a reasonable doubt*), tem-se um terceiro critério, dito como intermediário, qual seja, da prova clara e evidente (*Clear and convincing evidence*). O significado desse critério é explicado pela frase "muito mais provável do que improvável" (*much more likely than not*).

A "prova clara e convincente", que pode ser identificada como uma probabilidade elevada, determina que para um determinado tipo de processos a prova tenha maior grau de certeza que em outras determinadas demandas.

Ou seja, é um critério aplicado aos casos civis que não gozam de igualdade e de equilíbrio da relação processual, como nos casos que envolvem família e direito administrativo.

A grande crítica ao *standard* se dá na falta de critérios objetivos e na imprecisão de seus conteúdos, tornando a aplicação um tanto vaga.

Nesse sentido, nas palavras de Vitor de Paula Ramos, cumpre salientar, por fim, que a valoração racional da prova entrecruza-se aqui com o direito fundamental à motivação. Basicamente porque, para que seja possível verificar (e controlar) se o juiz cumpriu todos os passos acima delineados, é necessário que a decisão sobre a prova venha adequadamente motivada. Sem ingressar em detalhes maiores sobre o tema, basta referir genericamente que em termos de prova "o que não pode ser motivado legitimamente, não existe".[257]

---

[256] TARUFFO, Michele. *A prova*. Trad. João Gabriel Couto. São Paulo: Marcial Pons, 2014. p. 295.
[257] PAULA RAMOS, Vitor de. Direito Fundamental à Prova. In: *Revista de Processo*. Ano 38, v. 224, outubro de 2013. São Paulo: RT, 2013. p. 6.

Tem-se, o fato de que a maioria dos juízes de *Civil Law*, assim como ocorre no Direito brasileiro, é obrigada a motivar suas decisões, sendo, portanto, induzida a orientar seu pensamento numa análise racional dos elementos de prova e de valoração da reconstrução fática da causa.

Assim, diz Michele Taruffo, ao menos em linha de princípio, por conseguinte, pode-se sustentar que o juiz de *Civil Law* está bem equipado para desempenhar corretamente a função epistêmica consistente na busca da verdade.[258]

---

[258] TARUFFO, Michele. *Uma simples verdade*. O juiz e a construção dos Fatos. Trad. Vitor de Paula Ramos. São Paulo: Marcial Pons, 2012. p. 211.

# 5. Conclusão

Tendo o cuidado, como já advertiu Mauro Cappeletti,[259] de que cabe ao estudioso do outro país, saber fazer as devidas conexões do que pode, ou não, ser adotado em sua tradição jurídica é que se adentra no estudo do direito probatório no direto comparado.

Essa busca comparativa entre *Civil Law* e o *Common Law*, de acordo com John Merrymam, é mais do que uma análise de sistemas jurídicos, em verdade, está se realizando uma comparação de tradições jurídicas. Isso porque a tradição jurídica consiste numa perspectiva mais ampla sobre o fenômeno, uma vez que, a tradição legal, não implica no conjunto de regras jurídicas acerca dos principais institutos jurídicos de determinado ordenamento.[260]

Nesse sentido, o estudo realizado, comparando os sistemas jurídicos de duas tradições distintas – do *Civil Law* do Direito brasileiro e do *Common Law* do Direito estadunidense, priorizou-se a abordagem do direito probatório, em suas particularidades, mas também similitudes, para conceber um entendimento entre ambos os sistemas.

Ao passo que, não se descuida da base teórica clássica do direito sem descuidar da base teórica clássica do direito probatório, necessário foi percorrer alguns conceitos básicos para que não restasse comprometida a compreensão do tema ora proposta, qual seja, a valoração da prova testemunhal, frente à oralidade e às regras de exclusão.

Porém, o estudo da valoração da prova, conforme Fredie Didier Jr.,[261] é dos assuntos da dogmática processual, aquele que exige do

---

[259] CAPPELETTI, Mauro. *Processo, ideologias e sociedade*. V. I. Traduzido por Elicio de Cresci Sobrinho. Porto Alegre: Sergio Antônio Fabris, 2011. p. 311.

[260] MERRYMAN, John Henry. *La tradicion juridica romano-canonica*. México: Fondo de Cultura Económica, 2000, p. 15-17.

[261] DIDIER Jr., Fredie; BRAGA, Paula Sarno; OLIVEIRA, Rafael. *Curso de Direito processual civil*: teoria da prova, Direito probatório, teoria do precedente, decisão judicial, coisa julgada e antecipação de tutela. 2° Volume. 7. ed. Salvador: Juspodivm, 2012. p. 17.

aplicador e do estudioso maior volume de noções de outras áreas do conhecimento. Pois, a interdisciplinaridade aqui não é apenas um desejo, mas sim um dever, pois sem ela, não haverá como analisar e aplicar corretamente as regras do Direito probatório.

E neste sentido, ainda que sabedor das dificuldades, por óbvio, o estudo da valoração das provas no direito comparado foi ainda maior.

Para tanto, não há como negar que o estudo comparado do direito probatório trouxe diversas dificuldades, além das já mencionadas, àquelas referentes às idiossincrasias do sistema jurídico americano e questões de linguagem técnicas, mas também quando da verificação de que não há livros americanos sobre o processo civil dividido em capítulos equivalentes aos do Brasil. Fato que torna a busca pelo entendimento do *Common Law*, uma tarefa árdua de ser vencida. Mas não impossível.

Para tanto, fez-se necessário, também, uma revisão sistemática da legislação estadunidense, tendo como ponto de partida A Declaração dos Direitos dos Cidadãos dos Estados Unidos (*United States Bill of Rights*), enfrentando, após, as demais regras federais a busca de definições e normas que regulassem o direito probatório e suas regras de explosão.

Esse enfrentamento possibilitou um estudo comparativo entre a valoração da prova e as regras de exclusão existentes no Direito brasileiro e no Direito federal norte-americano.

Nesse ponto, tem-se que a busca de um modelo de prova adequado à realidade, à ciência e ao Direito Processual Brasileiro mediante o estudo de um sistema tão distinto (Direito Federal Norte-Americano), teve a necessária verificação de pontos de distinção entre os sistemas.

Tem-se o fato de que a maioria dos juízes de *Civil Law*, assim como ocorre no Direito brasileiro, é obrigada a motivar suas decisões, sendo, portanto, induzida a orientar seu pensamento numa análise racional dos elementos de prova e de valoração da reconstrução fática da causa.

Assim, diz Michele Taruffo, ao menos em linha de princípio, por conseguinte, pode-se sustentar que o juiz de *Civil Law* está bem equipado para desempenhar corretamente a função epistêmica consistente na busca da verdade.[262]

---

[262] TARUFFO, Michele. *Uma simples verdade*. O juiz e a construção dos Fatos. Trad. Vitor de Paula Ramos. São Paulo: Marcial Pons, 2012. p. 211.

Por conseguinte, tem-se que as regras de exclusão, nos diversos ordenamentos jurídicos – sejam de *Civil Law*, sejam do *Common Law* –, tenham a finalidade de prevenir erros a quem deva valorar as provas e formular a decisão final sobre os fatos.

Porém, qualquer que seja a justificativa das diversas regras de exclusão (prevenindo ou não erros), impede que o julgador final (juiz ou júri) conheça determinadas informações, ainda que relevantes ao caso posto. E mais, tiram, eventualmente, a possibilidade de conhecimento da verdade dos fatos, mediante o uso de regras legislativas de exclusão.

O uso, portanto, de *standards* também reflete a complexidade de aproximação dos sistemas, já que nem sempre será necessária a devida fundamentação, quando se falar em decisão proferida pelo júri, por exemplo.

Tem-se assim o paradoxo desta dissertação, que reside no risco de errar a valoração das provas com o uso dos *standards*, ou mediante uso da regra de exclusão, optar por minorar erros, mas decidir, numa eventualidade, com base em fatos incompletos.

Enfim, tem-se que nenhum dos sistemas – tanto o *Civil Law* brasileira como o *Common Law* estadunidense – ofereceu um sistema totalmente seguro a erros. Verifica-se que questões culturais influenciam na decisão de cada sistema, podendo uma fato ser considerado verídico pelo juiz, mas inverídico pelo júri, ou vice-versa.

Contudo, em que pese tais verificações, é possível entender que qualquer decisão humana, seja o ambiente que tenha sido proferida, é senão resultado de um convencimento produzido a partir do exame de diversas circunstâncias, baseadas no elemento de prova a qual lhe foram postas.[263]

Consequentemente, dever-se-á superar a visão clássica, rígida, engessada do Direito e valoração da prova no sistema, verificando a quebra do paradigma a fim de atender as demandas modernas, uma vez que não mais se pode conceber um Direito afastado da realidade. Até mesmo porque a valoração da prova oral não implica necessariamente a desvalorização da prova documental.

Vê-se que não é possível simplesmente adotar critérios de outros países, ainda mais quando o sistema a que se tem é distinto. Será

---

[263] DIDIER Jr., Fredie; BRAGA, Paula Sarno; OLIVEIRA, Rafael. *Curso de Direito processual civil*: teoria da prova, Direito probatório, teoria do precedente, decisão judicial, coisa julgada e antecipação de tutela. 2º Volume. 7. ed. Salvador: Juspodivm, 2012. p. 17.

necessário adotar essa nova concepção das reais necessidades e das possibilidades do país.

E mais, ao se afirmar o Direto como uma construção humana, deve-se levar em conta que o ser humano é um ser falho, é um ser que erra, mas também é um ser que possui todas as potencialidades.

E nessa complexidade de falha e acertos, de impulsos desprezíveis, mas ao mesmo tempo de impulsos hábeis de alcançar as mais sublimes atitudes, o ser humano é capaz de provocar realizações que contemplam a sociedade como um todo e não somente as atitudes individualistas.

A busca pelo conhecimento desse ser complexo que é o homem evita dogmatismos e leva a crer no Direito como a cultura de um povo, capaz de justificar otimismo, ou melhor, na esperança do bom, adequado e equitativo Direito a ser alcançado na sociedade contemporânea.

A necessidade de um ajuste institucional sobre o tema torna-se mais evidente com a efetiva demonstração dos prejuízos causados às partes, diante das incertezas geradas pela falta de um estudo analítico e de uma aplicação uniformizada, pois, vem sendo sobreposto de forma inadequada na maioria das vezes.

O tema permanece atual e desafiador na doutrina processual, pois se torna evidente, que a busca pelo processo adequado passa pelo domínio da apreciação de questões de fato, que chegam como é óbvio, por intermédio da prova – no caso a prova testemunhal.

Portanto, o mundo da cultura e, logo, do Direito, é um local que deve ser construído gradualmente, marcado pela alteração de valores preponderantes que são objetivados num dado momento histórico. Oscar Chase[264] verifica a necessidade desse estudo, em que a cultura de uma sociedade influencia a organização e o funcionamento do processo, sendo por sua vez, influenciada. E acrescenta-se que o efeito contrário também é perceptível, já que o sistema processual também influencia a cultura de uma sociedade, torna-se um componente dela.

A adaptação e o conhecimento de ambos os sistemas é fundamental para análise da valoração probatória como um todo, pois, somente de acordo com cada caso em concreto, poderá se ter uma ou outra melhor solução na busca dos fatos.

---

[264] CHASE, Oscar G. *Direito, cultura e ritual*: sistemas de resolução de conflito da cultura comparada. Trad. Sergio Arenhart e Gustavo Osna. São Paulo: Marcial Pons, 2014.

Por fim, certo é que somente pela compreensão e aprofundamento do instituto, mediante aproximação de sistemas distintos como do *Civil Law* e do *Common Law*, poder-se-á oferecer um sistema misto, que traduza efetividade e segurança à sociedade.

# Bibliografia

ALTAVILLA, Enrico. *Psicologia judiciária: o processo psicológico e a verdade judicial*. 1º vol. 2.ed. Trad. Fernando de Miranda. São Paulo: Livraria Acadêmica Saraiva & Ca Editores, 1945.

——. *Psicologia judiciária: o processo psicológico e a verdade judicial*. 1º vol. Reimpressão da 2.ed. de 2003. Trad. Fernando de Miranda. São Coimbra: Almedina, 2007.

——. *Psicologia judiciária: o processo psicológico e a verdade judicial*. 3º vol. Trad. Fernando de Miranda. São Paulo: Livraria Acadêmica Saraiva & Ca Editores, 1946.

ALVIM, Arruda. *Manual de Direito Processual Civil* – processo de conhecimento. Vol. II. 12.ed. São Paulo: Revista dos Tribunais, 2008.

ANDRADE, Rita Marasco Ippólito Andrade. *Direito probatório civil*. Pelotas: EDUCAT, 2006.

ARENHART, Sérgio Cruz. *A verdade e a prova no processo civil*. Disponível em <http://www.abdpc.org.br/abdpc/artigos/S%C3%A9rgio%20Cruz%20Arenhart%282%29%20-%20formatado.pdf>. Acessado em 15 de Fev. de 2015.

ÀVILA, Gustavo Noronha de. *Falsas memórias e sistema penal*: a prova testemunhal em xeque. Rio de Janeiro: Lumen Juris, 2013.

ÁVILA, Humberto. "Neoconstitucionalismo": entre a "ciência do direito" e o "direito da ciência". *Revista Eletrônica de Direito do Estado* (REDE), Salvador, Instituto Brasileiro de Direito Público, nº. 17, janeiro/fevereiro/março, 2009. Disponível na Internet: <http://www.direitodoestado.com.br/rede.asp>. Acesso em: abril de 2015.

BERKELEY, George. *Tratado sobre os princípios do conhecimento humano*. São Paulo: Escala, s.d.

BEST, Arthur. *Evidence:* examples & explanations. 8 ed. New York: Wolters Kluwer Law & Business, 2012.

BORDIEU, Pierre. *Os usos sociais da ciência*: por uma sociologia clínica do campo científico. Trad. Denice Barbara Catani. São Paulo: UNESP, 2004.

BOTELHO, Guilherme. *Direito ao processo qualificado*: o processo civil na perspectiva do Estado constitucional. Porto Alegre: Livraria do Advogado, 2010.

BRASIL. Supremo Tribunal Federal (STF). *A Constituição e o Supremo Tribunal Federal*. 4. ed. Brasília: Secretaria de Documentação, 2011.

BUENO, Cássio Scarpinella. *Curso sistematizado de direito processual civil*: procedimento comum: ordinário e sumário. Vol. 2, tomo I. São Paulo: Saraiva, 2007.

——. *Curso sistematizado de Direito Processual Civil*. 4. ed. Vol. 2, tomo I. São Paulo: Saraiva, 2011.

BURGARELLI, Aclibes. *Tratado das provas cíveis*. São Paulo: Juarez de Oliveira, 2000.

BURNIER JUNIOR, João Penido. *Teoria geral da prova*. São Paulo: Edicamp, 2001.

CALAMANDREI, Pedro. *Eles, os juízes, vistos por nós, os advogados*. Trad. Ivo de Paula. São Paulo: Pilares, 2013.

CAMBI, Eduardo. *A prova civil*: admissibilidade e relevância. São Paulo: Revista dos Tribunais, 2006.

_____. *O direito constitucional à prova no processo civil.* São Paulo: Revista dos Tribunais, 2001.

CAMPO, Hélio Márcio. *O princípio dispositivo em direito probatório.* Porto Alegre Livraria do Advogado, 1994.

CANOTILHO, José Joaquim Gomes. *Direito Constitucional.* 6. ed. Coimbra: Almedina, 1996.

_____. *O Ônus da Prova na Jurisdição das Liberdades.* Estudos sobre Direitos Fundamentais. São Paulo: RT, 2008.

_____. *Direito constitucional e teoria da constituição.* 7. ed. Coimbra – Portugal: Livraria Almedina, 2000.

CAPPELETTI, Mauro. *Juízes Irresponsáveis?* Traduzido por Carlos Aberto Alvaro de Oliveira. Porto Alegre: Sergio Antonio Fabris, 1989.

_____. *Juízes Legisladores?* Traduzido por Carlos Aberto Alvaro de Oliveira. Porto Alegre: Sergio Antonio Fabris, 1999.

_____. *Processo, ideologias e sociedade.* V. I. Traduzido por Elicio de Cresci Sobrinho. Porto Alegre: Sergio Antonio Fabris, 2011.

CARDOSO, Oscar Valente. A oralidade no novo código de processo civil: de volta para o passado. fls. 547-574. In: DIDIER JR, Fredie. *Novo CPC doutrina selecionada.* V. 1: parte geral. Salvador: juspodivm, 2015.

_____. O direito à prova como um direito fundamental. *Revista Dialética de Direito Processual* (RDDO). Maio de 2009. p.64-75.

CARNELUTTI, Francesco. *A prova civil.* Trad. da 2ª edição italiana por Lisa Pary Scarpa. 4 ed. Campinas: Bookseller, 2005.

_____. *Derecho Procesal Civil y Penal.* v .1. Derecho Procesal. Civil. Derecho y Proceso. Buenos Aires: Europa-America. 1971.

_____. *Instituições do Processo Civil.* vol. I. Trad. Adrián Stero de Witt Batista. São Paulo: Classic Book, 2000.

_____. *Metodologia do Direito.* Trad. Wilson do Prado. São Paulo: Pillares, 2012.

CARPES, Artur. A distribuição dinâmica do ônus da prova no formalismo-valorativo. *Revista da AJURIS*, Porto Alegre, n. 104, 2006.

_____. *Ônus dinâmico da prova: direito e garantias individuais.* Porto Alegre: Livraria do Advogado, 2010.

CARVALHO, Fabiano Aita. *Multa e prisão civil*: o contempto f court no Direito Brasileiro. Porto Alegre: Livraria do Advogado, 2012.

CHASE, Oscar G. *Direito, cultura e ritual*: sistemas de resolução de conflito da cultura comparada. Trad. Sergio Arenhart e Gustavo Osna. São Paulo: Marcial Pons, 2014.

CHIOVENDA, Giuseppe. *Instituições de direito processual Civil.* Vol. III, São Paulo: Bookseller, 1998.

CINTRA, Antonio Carlos de Araújo; GRINOVER, Ada Pellegrini; DINAMARCO, Candido Rangel. *Teoria Geral do Processo.* 23. ed. São Paulo: Malheiros, 2007.

COMPARATO, Fábio Konder. *A afirmação histórica dos direitos humanos.* 2. ed. São Paulo: Saraiva, 2001.

CONTE, Mario. *Lê Prove Nel Processo Civille.* Milano: Giuffrè Editore, 2002.

COSTA, Henrique Araújo. *Reexame de Prova em Recurso Especial*: A Súmula 7 do STJ. Brasília: Thesaurus, 2008.

CRESCI SOBRINHO, Elcio de. *Deveres de veracidade das partes no processo civil*: aspectos do novo código de processo civil. São Paulo: Jurid Vellenich. 1975.

DALL'AGNOL JÚNIOR, Antônio Janyr. *Distribuição Dinâmica do Ônus Probatório.* São Paulo: RT, 2001.

DALLAGNOL, Deltan Martinazzo. *As Lógicas das provas no processo*: prova direta, indícios e presunções. Porto Alegre: Livraria do Advogado, 2015.

DALLARI, Dalmo de Abreu. Estado de Direito e Direitos Fundamentais. In: ALMEIDA FILHO, Agassiz de; CRUZ, Danielle da Rocha (coord). *Estado de Direitos Fundamentais*: homenagem ao jurista Mário Moacyr Porto. Rio de Janeiro: Forense, 2005.

DAMÁSIO, Antônio R. *E o cérebro criou o homem*. Trad. Laura Teixeira Motta. São Paulo: Companhia das Letras, 2011.

DAMAŠKA, Mirjan R. *El derecho probatorio a la deriva*. Trad. Joan Picó i Junoy. Madrid: Marcial Pons, 2015.

——. *The faces of justice and state authority. A comparative approach to the legal process*. New Haven: Yale University Press, 1986.

——. *I volti della giustizia e del potere. Analisi comparatistica del processo*. Trad. Andrea Giussani e Fabio Rota. Bologna: Il Mulino, Bologna, 1991

DAVID, René. *Os grandes sistemas do direito contemporâneo*. Trad. Hermínio A. Carvalho. 5. ed. São Paulo: Martins Fontes. 2014.

DELLEPIANE, Antonio. *Nova Teoria da Prova*. 5. ed. Traduzido por Erico Maciel. Campinas: Editora Minelli, 2004.

——. *Nueva Teoria General de la Prueba*. 4. ed., Buenos Aires: Valério Abeledo, 1939.

DIDIER JR, Fredie. *Novo CPC doutrina selecionada*. V. 1: parte geral. Salvador: juspodivm, 2015.

——. *Sobre a Teoria Geral do Processo, essa desconhecida*. 2. ed. Salvador: Editora Juspodivm, 2013.

——; BRAGA, Paula Sarno. OLIVEIRA, Rafael. *Curso de direito processual civil*: teoria da prova, direito probatório, teoria do precdente, decisão judicial, coisa julgada e antecipação de tutela. 2º Vol.. 7. ed. Salvador: Juspodivm, 2012.

——; ——; ——. *Curso de Direito Processual Civil*. Vol. 2, 2. ed. Salvador: Juspodivm, 2008.

DINAMARCO, Cândido Rangel. *Nova Era do Processo Civil*, 2. ed.., Malheiros, 2007.

——. *Instituições de Direito Processual Civil*. 4. ed. v. III . São Paulo: Malheiros, 2004.

DORIA, Rogéria Dotti. O Direito à prova e a busca da verdade material. In: NEVES, Daniel Amorim Assumpção (coord.). *Provas*: aspectos atuais do direito probatório. Rio de Janeiro: Forense, 2009.

DRESSLER, Joshua. *Understand Criminal Procedure*. 2. ed. San Francisco, CA: Matthew Bender, 1997.

ECHANDIA, Hermando Devis. *Teoria general de la prueba judicial*. t. 1. 5. ed. Buenos Aires: Victor P. de Zavalia Editor, 1981.

EKMAN, Paul. *A linguagem das emoções*: revolucione sua comunicação e seus relacionamentos reconhecendo todas as expressões das pessoas ao seu redor. Trad. de Carlos Szlak. São Paulo: Lua de Papel, 2011.

FÁBREGA P., Jorge. *Teoria General de la Prueba*. Colômbia: Ediciones Jurídicas Gustavo Ibanez, 2000.

FABREGUETTES, *A lógica judiciária e a arte de julgar*. Trad. de Henrique de Carvalho, 1914.

FACHIN, Luiz Edson; RUZYC, Carlos Eduardo. Direitos Fundamentais, dignidade da pessoa humana e o novo Código Civil: uma análise crítica. In: SARLET, Ingo Wolfgang. (org.). *Constituição, Direitos Fundamentais e Direito Privado*. Porto Alegre: Livraria do Advogado, 2010.

FENOLL, Jordi Nieva. *La valoracion de La prueba*. Madrid: Marcial Pons, 2010.

FERRAZ JR. Tercio Sampaio. *Introdução ao Estudo do Direito*: técnica, decisão, dominação. 8. ed. São Paulo: Atlas, 2015.

FINCATO, Denise Pires. *A pesquisa jurídica sem mistérios: do projeto de pesquisa à banca*. 2. ed. rev e ampl. Porto Alegre: Sapiens, 2014.

FIORAVANTI, Maurício. *Los Derechos Fundamentales*. Apuntes de Historia de las Constituciones. Trad. de Manuel Martínez Neira. Madrid: Editorial Trotta, 1996.

FISHER, George. *Evidence*. 3. ed. USA: Foundation Press, 2013.

FISKE, S. T. (2010). *Social beings:* Core motives in social psychology. New York: Wiley.

FREITAS, Juarez. A hermenêutica jurídica e a ciência do cérebro: como lidar com os automatismos mentais. *Revista da AJURIS*. v. 40 – n. 130 – Junho/2013.

FREITAS, Juarez. *A interpretação sistemática do direito*. 5. ed. São Paulo: Malheiros, 2010.

GIACOMOLLI, Nereu José; GESU, Cristina Carla di. As falsas memórias na reconstrução dos fatos pelas testemunhas no processo penal. In: *Anais do XVII Congresso Nacional do CONPEDI*, realizado em Brasília – DF nos dias 20, 21 e 22 de novembro de 2008.

——. *A* class action *como instrumento de tutela coletiva dos direitos*: as ações coletivas em uma perspectiva comparada. São Paulo: Revista dos Tribunais, 2007.

GIDI, Antonio. Las acciones *colectivas y La tutela de lós derechos difusos, coletivos e indivuales em Brasil*: un modelo para países de derecho civil. Trad. Lucio Cabrera Acevedo. México: Instituto de Investigaciones Jurídicas, 2004.

——. *Rumo a um código de processo civil coletivo*: a codificação das ações coletivas do Brasil. Rio de Janeiro: Forense, 2008.

GIFTS, Steve H. *Law Dictionary, Fifth edition*. New York: Barron´s, 2003.

GIL, Arilson Garcia. A inversão do ônus da prova e a inversão das despesas processuais. *Revista Nacional de Direito e Jurisprudência*. n° 100, abril 2008. p. 51-68.

GOMES, Camilla de Magalhães. *A prova no processo coletivo – teoria dos modelos da prova aplicada ao processo coletivo*. UFES, 2014. Programa de Pós-Graduação em Direito do Centro de Ciências Jurídicas e Econômicas da Universidade Federal do Espírito Santo. 2009.

GRECO FILHO, Vicente. *Direito Processual Civil*. 2° vol., 14. ed., São Paulo: Saraiva, 2000.

GUERRA, G. R. *Efetividade e pensamento crítico no direito*. Terezina, 2000.

HAACK, Susan. *Evidence and Inquiry: a pragmatist reconstruction of epistemology*. New York: Prometheus Books, 2009.

——. *Evidence Matters: science, proof, and truth in the law*. New York: Cambridge University Press, 2014.

——. *Perspectivas Pragmatistas da Filosofia do Direito*. Trad. André de Godoy Vieira e Nélio Schneider. São Paulo: UNISINOS, 2015.

HABERMAS, Jürgen. *Diagnósticos do tempo – seis ensaios*. Rio de Janeiro:Tempo Brasileiro, 2005.

HAZARD JR., Geoffrey C.; TARUFFO, Michele. *American Civil Procedure*. New Haven e London: Yale University Press, 1993.

HICKOK, JR., Eugene (ed.). *The bill of rights, original meaning and current understanding*. Charlottesville: University Press of Virginia, 1999.

HUME, David. *Investigação sobre o entendimento humano*. Trad. André Campos Mesquita. 2 ed. São Paulo: Escala, s.d.

JOBIM, Marco Félix. *Cultura, escolas e fases do processo*. 3. ed. rev. atual. de acordo com o novo CPC. Porto Alegre: Livraria do Advogado, 2015.

——. *Medidas estruturantes: da suprema corte estadunidense ao Supremo Tribunal Federal*. Porto Alegre: Livraria do Advogado, 2013.

——. *O direito à duração razoável do processo*: responsabilidade civil do Estado em decorrência da intempestividade processual. 2. ed. rev. atual. Porto Alegre: Livraria do Advogado, 2012.

JOHNSON, D., & Fowler, J. (2011). *The evolution of overconfidence*. Nature, 477 (7364), 317-320.

JOHNSTON, Patrick. *Civil Justice Reform: Juggling Between Politics and Perfection*. In: Fordham Law Review, vol. 62, Issue 4. Nova York: Fordham University, 1994.

KAHNEMAN, Daniel. *Rápido e devagar*: duas formas de pensar. Trad. de Cássio Arantes Leite. Rio de janeiro: Objetiva: 2012.

KANT, Immanuel. *Doutrina do Direito*. Trad. Edson Bini. 4. ed. rev. e atual. São Paulo: Ícone, 2013.

KNIJNIK, Danilo (coord.). *Prova judiciária*: estudos sobre o novo direito probatório. Porto Alegre: Livraria do Advogado, 2010.

——. *A prova nos juízos cível, penal e tributário*. Rio de Janeiro: Forense, 2007.

——. *O recurso especial e a revisão da questão de fato pelo Superior Tribunal de Justiça*. Rio de Janeiro: Forense, 2005.

——. *Os "standards" do convencimento judicial: paradigmas para o seu possível controle*. Disponível em <http://www.abdpc.org.br/abdpc/artigos/Danilo%20Knijnik%20-%20formatado.pdf>. Acesso em dez/2016.

LACERDA, Galeno. *Teoria geral do processo*. Rio de Janeiro: Forenses, 2008.

LAI, Ho Hock. *A Philosophy of Evidence Law*: justice in the search for truth. New York: Oxford University Press, 2010.

LEITE, Eduardo de Oliveira. *A monografia jurídica*. 4. ed. São Paulo: Revista dos Tribunais, 2000.

LILLY, Graham; CAPRA, Daniel J.; SALTBURG, Stephen. *Principles of Evidence*. St. Paul: West, a Thomson business, 2009.

LOFTUS, Elizabeth. *As falsas lembranças, in*: Viver mente & cérebro.

LOPES, João Batista Lopes. *A prova no direito processual civil*. São Paulo: Revista dos Tribunais, 1999.

LUCON, Paulo Henrique dos Santos. Novas tendências na estrutura fundamental no processo civil. *Revista do Advogado* – AASP, Ano XXVI, Novembro de 2006.

LYOTARD, Jean-François. *O pós-moderno*. Trad. Ricardo Corrêa Barosa. Rio de Janeiro: José Olympio, 1986.

MALATESTA, Nicola Framarino dei. *A lógica das provas em matéria criminal*. 3. ed. Campinas: Bookseller, 2004.

MARIANO DA ROCHA, Raquel Herck. A distribuição do ônus da prova como instrumento garantidor da igualdade das partes no processo civil brasileiro. *Revista Processo e Constituição*. n. 1. Cadernos Galeno Lacerda de Estudos de Direito Processual Constitucional. Porto Alegre: Faculdade de Direito da UFRGS, 2004.

MARINONI, Luiz Guilherme. Formação da convicção e inversão do ônus da provas segundo as peculiaridades do caso concreto. *Revista dos Tribunais*. Ano 96, Volume 892. São Paulo: Editora Revista dos Tribunais, 2007.

——. *Precedentes Obrigatórios*. São Paulo: Revista dos Tribunais, 2010.

——. *Formação da Convicção e Inversão do Ônus da Prova segundo as peculiaridades do caso concreto*. Disponível em: <http:// www.marinoni.adv.br>. Acesso em: 10 de abril de 2012.

——. MITIDIERO. Daniel Francisco. *Código de Processo Civil: Comentado artigo por artigo*. 5. ed. rev. e atual. São Paulo: Revista dos Tribunais, 2013.

——; ARENHART, Sérgio Cruz. *Manual do Processo de Conhecimento*. 3. ed. São Paulo: Revista dos Tribunais, 2004.

——; ——. *Manual do Processo de Conhecimento*. 4. ed. São Paulo: Revista dos Tribunais, 2005.

——; ——. *Prova*. São Paulo: Revista dos Tribunais, 2014.

MARMELSTREIN, George. *Curso de direitos fundamentais*. São Paulo: Atlas, 2008.

MARTINS NETO, João dos Passos. *Direitos Fundamentais: conceito, função e tipos*. São Paulo: RT, 2003.

MERRYMAN, John Henry. *La tradicion juridica romano-canonica*. México: Fondo de Cultura Económica, 2000.

MEYER, Pamela. *Liespotting: proven techniques to detect deception*. New York: St. Martin's Griffin, 2010.

MICHELI, Gian Antonio; TARUFFO, Michele. A prova. *Repro* 16/168. São Paulo: RT, 1979.

MIRANDA, Jorge. *Manual de Direito Constitucional*. Tomo IV. 2. ed. Coimbra: Coimbra Editora, 1993.

MIRANDA, Pontes de. *Comentários ao código de processo civil*. v. 2 e 4. Rio de Janeiro: Forense, 1974.

MITIDIERO, Daniel Francisco. *Colaboração no processo civil*: pressupostos sociais, lógicos e éticos. São Paulo: Revista dos Tribunais, 2011.

——. *Elementos para uma teoria contemporânea do processo civil brasileiro*. 2. ed. Porto Alegre: Livraria do Advogado, 2008.

——. Processo e cultura: praxismo, processualismo e formalismo em direito processual civil. In: *Gênesis Revista de Direito Processual Civil*. Curitiba: Gênesis, 2004.

MITTERMAIER, Carl Joseph Anton. *Tratado de las Pruebas*. Madrid, 1893.

MLODINOW, Leonard. *Subliminar*: como o inconsciente influencia nossas vidas. Trad. Cláudio Carina. Rio de Janeiro: Zahar, 2014.

MOREIRA, José Carlos Barbosa. *O novo código de processo civil*: exposição sistemática do procedimento. 22. ed. rev. atul. Rio de Janeiro: Forense, 2004.

MORIN, Edgar. *Educação e Complexidade*: os sete sabores e outros ensaios. Trad. Edgard de Assis Carvalho. 6. ed. São Paulo: Cortez, 2013.

——. *Introdução ao Pensamento Complexo*. Trad. Eliane Lisboa. 4. ed. Porto Alegre: Sulina, 2011.

——. *Para sair do século XX*. Rio de Janeiro: Nova Fronteira, 1986.

NEGRÃO, Theotonio; GOUVÊA, José Roberto F.; BONDIOLI, Luis Guilherme A. *Código de processo civil*. 42. ed. São Paulo: Saraiva, 2010.

NERY JR., Nelson. Aspectos do processo civil no Código de Defesa do Consumidor. *Revista de Direito do Consumidor*. v.1. São Paulo: Revista dos Tribunais, 1992.

——. *Princípios do Processo Civil na Constituição Federal*. 7. ed. rev. e atual. Com as Leis 10.352/2001 e 10.358/2001. São Paulo: Revistas dos Tribunais, 2002.

NEVES, Daniel Amorim Asssumpção. *Ações probatórias Anônimas*. São Paulo: Saraiva, 2008.

NOGUEIRA, Pedro Henrique Pedrosa. A Inversão do Ônus da Prova no Código de Defesa do Consumidor como Técnica de Distribuição Dinâmica da Carga Probatória. *Revista Dialética de Direito Processual*. São Paulo: Editora Dialética, 2009.

ÑORES, José I. Cafferata. *La prueba en el proceso penal:* con especial referencia a la ley 23.984. 3-ed., actualizada y ampliad. Buenos Aires: Edicones Depalma, 1998.

OLIVEIRA, Carlos Alberto Alvaro de (org.). *Prova Cível*. 2. ed. Rio de Janeiro: Forense, 2005.

——. (coord.). *Prova cível*. Rio de Janeiro: Forense, 1999.

——. O formalismo-valorativo no confronto com o formalismo-excessivo. In: DIDIER JR., Fredie; JORDÃO, Eduardo Ferreira. *Teoria Geraldo processo*: panorama doutrinário mundial. Salvador: JusPodivm, 2007.

——; MITIDIERO, Daniel. *Curso de Processo Civil*: teoria geral do processo e parte geral do Direito processual civil. Vol. I. São Paulo: Atlas, 2010.

ÖRÜCÜ, Esin. *A general view of "legal families" and of "mixing systems"*. Comparative law – a handbook. Coord. de Esin Örücü e David Nelken. Portland: Hart Publishing, 2007.

PACÍFICO, Luiz Eduardo Boaventura. *O Ônus da Prova no Direito Processual Civil*. São Paulo: Revista dos Tribunais, 2000.

PASTOR, Daniel R. *El Plazo Razonable en el Proceso del Estado de Derecho*, 2002.

PAULA RAMOS, Vitor de. Direito Fundamental à Prova. In: *Revista de Processo*. Ano 38, v. 224, outubro de 2013. São Paulo: RT, 2013

PAULA, Jônatas Luiz Moreira de. *História do Direito Processual Brasileiro*: das origens lusas à escola crítica do processo. São Paulo: Manole, 2002.

PERELMAN, Chaïm. *Ética e direito*. São Paulo: Martins Fontes, 2005.

———. *Lógica Jurídica*. São Paulo: Martins Fontes, 2005.

PICÓ I JUNOY, Joan. *O juiz e a prova*: estudo da errônea recepção do brocardo *iudex iudicare debet secundum allegata et probata, non secundum consientiam* e sua repercussão geral. Trad. Darci Guimarães Ribeiro. Porto Alegre: Livraria do Advogado, 2015.

PLANIOL, *Traite elementaire de droit civil*, 4. ed., 1907.

PLETSCH, Natalie Ribeiro. *Formação da prova no jogo processual penal*: o atuar dos sujeitos e a construção da sentença. São Paulo: IBCCRIM, 2007.

PORTANOVA, Rui. *Motivações ideológicas da sentença*. 4. ed. rev. ampl. Porto Alegre: Livraria do Advogado, 2000.

———. *Princípios do Processo Civil*. 4. ed. Porto Alegre: Livraria do Advogado, 2001.

PORTO, Sergio Gilberto; PORTO, Guilherme Athayde. *Lições sobre Teorias do Processo: cível e constitucional*. Porto Alegre: Livraria do Advogado, 2013.

———; USTARROZ, Daniel. *Lições de Direitos Fundamentais no Processo Civil*: o conteúdo processual da Constituição Federal. Porto Alegre: Livraria do Advogado, 2009.

———; ———. *Manual dos recursos cíveis*. 3. ed. Porto Alegre: Livraria do Advogado, 2011.

PRADO, Fabiana Lemes Zamalloa do. *A ponderação de interesses em matéria de prova no processo penal*. São Paulo: IBCCRIM, 2006.

RANGEL, Rui Manuel de Freitas. *O Ónus da Prova no Processo Civil*. Almedina: Coimbra, 2000.

REALE, Miguel. Conceito de cultura – Seus temas fundamentais. In: *Paradigmas da Cultura Contemporânea*, 2. ed. São Paulo: Saraiva.2005. p.1-23.

———. *Lições preliminares de Direito*. 25. ed. São Paulo: Saraiva, 2001.

REICHELT, Luis Alberto. *A prova no direito processual civil*. Porto Alegre: Livraria do Advogado, 2009.

RIBEIRO, Darci Guimarães. *Provas atípicas*. Porto Alegre: Livraria do Advogado, 1998.

———; JOBIM, Marco Félix; CÂMARA, Alexandre Freitas. [et al.]. *Desvendando o novo CPC*. Porto Alegre: Livraria do Advogado, 2015.

ROSITO, Francisco. *Direito Probatório: as máximas de experiência em juízo*. Porto Alegre: Livraria do Advogado, 2007.

RUBIN, Z., & Peplau, A. (1973). *Belief in a Just World and Reactions to Another's Lot: A Study of Participants in the National Draft Lottery*. Journal of Social Issues, 29(4), 73-93.

SANDEL, Michael J. *Justiça: o que é fazer a coisa certa*. Trad. Heloisa Matias e Maria Alice Máximo. 15. ed. Rio de Janeiro: Civilização Brasileira, 2014.

SANTO AGOSTINHO. *Confissões*. Tradução Maria Luiza Jardim Amarante. São Paulo: Paulus, 1984.

SANTOS, Moacyr Amaral. *Primeiras linhas de direito processual civil*. Vol. 2. 24. ed. rev. e atualizada por Maria Beatriz Amaral Santos Köhnen. São Paulo: Saraiva, 2008.

———. *Prova Judiciária no Cível e Comercial*. vol. I, 4. ed. São Paulo: Max Limond, 1970.

———. *Prova Judiciária no Cível e Comercial*.vol. III, 2. ed. São Paulo: Max Limond, 1953.

SARLET, Ingo Wolfgang. *A eficácia dos direitos fundamentais*. 12. ed. rev. Atual e ampli. Porto Alegre: Livraria do Advogado, 2015.

———; MARINONI, Luiz Guilherme; MITIDIERO, Daniel. *Curso de direito constitucional*. 4. ampli., incluindo novo capítulo sobre princípios fundamentais. São Paulo: Saraiva, 2015.

SÊNECA. *A Constância do Sábio*. Trad. Luiz Feracine. São Paulo: Escala, s.d.

SHAROT, T., Korn, C., & Dolan, R.. *How unrealistic optimism is maintained in the face of reality*. Nature Neuroscience. 2011.

SHAROT, Tali. Disponível em: <http://www.ted.com/talks/tali_sharot_the_optimism_bias>. Visualizado em abr de 2014.

SILVA, Agathe Elsa Schmidt da. *A problemática da prova testemunhal no processo civil*. Estudos Jurídicos, São Leopoldo, v. 30, n. 80, 1997.

SILVA, De Plácido e. *Vocabulário jurídico*. 11. ed. Rio de Janeiro: Forense, 1991.

SILVA, Ovídio Araujo Baptista da. *Processo e ideologia: o paradigma racionalista*. Rio de Janeiro: Forense, 2006.

——. *Curso de Processo Civil*. v. 1. 2.ed. Porto Alegre: Sergio Antonio Fabris, 1991.

SOARES, Guido Fernando Silva. *Common law: introdução ao direito dos EUA*. 2. ed. São Paulo: Revista dos Tribunais, 2000.

SOKAL, Alan; BRICMONT, Jean. *Imposturas Intelectuais*. Trad. Max Alman, Alexandre Tort. Rio de Janeiro: BestBolso, 2014.

STEIN, Lílian Milnilsky; PERGHER, Giovanni Kuckartz. *Criando falsas memórias em adultos por meio de palavras associadas*, in Psicologia: Reflexão e Crítica, 2001.

STRECK, Lenio Luiz. *O que é isto – decido conforme minha consciência?* 4. ed. rev. Porto Alegre: Livraria do Advogado, 2013.

TARUFFO, Michele. *A prova*. Trad. João Gabriel Couto. São Paulo: Marcial Pons, 2014.

——. Il diritto alla prova nel processo civile. *Rivista di Diritto Processuale*, Milano, v. 39, p. 74-120, 1978.

——. *La prova dei fatti giuridici*. Milano: Giuffrè, 1992.

——. *La prueba de los hechos*. Madrid: Trotta, 2002.

——. *Uma simples verdade. O juiz e a construção dos Fatos*. Trad. Vitor de Paula Ramos. São Paulo: Marcial Pons, 2012.

TESHEINER, José Maria Rosa. *Elementos Para Uma Teoria Geral do Processo*. São Paulo: Saraiva, 1993.

——. *Regras de exclusão no Direito probatório norte-americano*. Civil Procedure Review, v.5, n.3: 75-100, sept.-dec., 2014.

——; THAMAY, Rennan Faria Krüger. *Teoria Geral do Processo*: em conformidade com o novo CPC. Rio de Janeiro: Forense, 2015.

THEODORO JÚNIOR, Humberto. Direito processual constitucional. *Revista 108 de Direito Civil e Processual Civil* nº 55, São Paulo: Sellouc. 2008. p. 66-78.

TRIBE, Laurence; e DORF, Michael. *Hermenêutica Constitucional*. Trad. Amarílis de Souza Birchal. Belo Horizonte: Del Rey, 2007.

TWINING, William. L. *Analysis of Evidence* (2nd edition, with Terence Anderson and David Schum. Cambridge: Cambridge University Press, 2005.

——. *Evidence and Inference in History and Law*. (ed. with Iain Hampsher-Monk). Northwestern UP. 2003.

VIANA, Márcio Túlio. *Aspectos gerais da prova no processo do trabalho*. In: BARROS, Alice Monteiro (Coord.). Compêndio de direito processual do trabalho. 2. ed. São Paulo: Ltr, 2001.

VILANOVA, Lourival. *Sobre o conceito do Direito. Escritos jurídicos e filosóficos*. v. 1 Brasília: Axis Mvndi/IBET, 2003.

WAMBIER, Luiz Rodrigues. CORREIA DE ALMEIDA, Flávio Renato; TALAMINI, Eduardo. *Curso Avançado de Processo Civil*. v. I. 7ª ed., Revista dos Tribunais: São Paulo, 2005.

WAMBIER, Teresa Arruda Alvim. Reflexões sobre o ônus da prova. *Revista de Processo, São Paulo*, v. 19, n. 76, 1994.

WHITROW, G.J. *O que é o tempo? Uma visão clássica sobre a natureza do tempo*. Tradução Maria Ignez Duque Estrada. Rio de Janeiro, Jorge Zahar, 2005.

ZIMBARDO, Philip; BOYD, John. *O paradoxo do tempo*. Você vive preso ao passado, viciado no presente ou refém do futuro? Tradução de Saulo Adriano. Rio de Janeiro: Objetiva, 2009.

*Impressão:*
Evangraf
Rua Waldomiro Schapke, 77 - POA/RS
Fone: (51) 3336.2466 - (51) 3336.0422
E-mail: evangraf.adm@terra.com.br